# De la guerre

## Livre I

# CLAUSEWITZ

# De la guerre

## Livre I

●

PRÉSENTATION
### par Benoît Chantre

NOTES
DOSSIER
CHRONOLOGIE
BIBLIOGRAPHIE
### par Laurent Giassi

TRADUCTION
### par Jean-Baptiste Neuens

GF Flammarion

Docteur ès lettres et éditeur, Benoît Chantre est *fellow* de la Fondation Imitatio (San Francisco), membre associé du Centre international d'étude de la philosophie française contemporaine (CIEPFC) et président de l'Association Recherches mimétiques (ARM). Il a collaboré à diverses revues (*Esprit, Commentaire, L'Infini, La Revue des Deux-Mondes*...). Ses recherches portent notamment sur l'œuvre de Péguy (*Péguy point final*, Le Félin, 2014) et sur celle de René Girard, avec qui, en 2007, il a écrit *Achever Clausewitz* (Flammarion, « Champs », 2011).

Ancien élève de l'École normale supérieure de Fontenay-Saint-Cloud, agrégé de philosophie et docteur en philosophie, Laurent Giassi enseigne en classes préparatoires aux lycées Georges-de-La-Tour et Fabert de Metz. Spécialiste de la philosophie allemande du début du XIX<sup>e</sup> siècle, il a consacré sa thèse à Hegel (*La Vie dans la philosophie de Hegel. Étude sur la signification de la vie dans le champ postkantien*, 2005) et a publié, dans la revue en ligne *Philopsis*, plusieurs articles sur Kant, Fichte et Hegel.

© Flammarion, Paris, 2014.
ISBN : 978-2-0813-0989-0

# PRÉSENTATION

## Le brouillard de la guerre

Le centenaire du conflit de 1914-1918, engageant la réflexion sur les raisons et les conséquences de cette déflagration, attire vite l'attention sur un général prussien, Carl von Clausewitz (1780-1831), dont le traité *De la guerre*, publié de façon posthume à partir de 1832, eut une influence considérable non seulement sur les stratégies militaires en Europe, mais sur les relations internationales au XXᵉ siècle. Clausewitz hanta les deux guerres mondiales ; il fut lu par Lénine et par Mao Zedong ; il inspira la politique étrangère américaine après 1945 ; il est même devenu un objet de prédilection pour les intellectuels français, d'André Glucksmann ou Raymond Aron à Emmanuel Terray ou dernièrement René Girard[1]. De nombreux débats ont permis de revenir sur son analyse du phénomène guerrier, mais aussi sur la profondeur sociologique de sa pensée, tant il est vrai que ce ne sont pas les seuls soldats mais bien les sociétés tout entières qui s'engagent dans les guerres « démocratiques ».

On ne retient cependant de Clausewitz que sa définition de la guerre comme « continuation de la politique

---

1. André Glucksmann, *Le Discours de la guerre*, L'Herne, 1967 ; Raymond Aron, *Penser la guerre, Clausewitz*, Gallimard, « Bibliothèque des sciences humaines », 1976, 2 vol. (t. I : *L'Âge européen* ; t. II : *L'Âge planétaire*) ; Emmanuel Terray, *Clausewitz*, Fayard, 1999 ; René Girard, *Achever Clausewitz. Entretiens avec Benoît Chantre* [2007], Flammarion, « Champs essai », 2010.

avec d'autres moyens [1] ». On lui attribue encore, à la suite
de sir Basil Henry Liddell Hart [2], une responsabilité
indue dans les « combats à outrance » de Verdun, alors
que c'est à ses mauvais lecteurs qu'il faudrait plutôt s'en
prendre. Le temps est donc venu de relire ce stratège
exceptionnel et de mesurer la puissance de ses intuitions,
sans néanmoins se laisser fasciner par elles. À l'heure où
l'Europe politique est incapable de se fédérer dès qu'il
s'agit d'avoir recours aux armes, Clausewitz nous aide à
ne jamais mésestimer la guerre ni le frein que les démo-
craties peuvent et doivent toujours lui opposer [3].

## QUI ÉTAIT CARL VON CLAUSEWITZ ?

Né en 1780 en Silésie, Carl von Clausewitz était le fils
d'un ancien combattant de la guerre de Sept Ans [4] et le
frère de deux autres officiers. Son père, Friedrich Gabriel
Clausewitz, fut démis de ses fonctions d'officier en raison
de ses origines modestes, à l'issue de la guerre. Seul son
fils Carl parvint à laver cette humiliation, en obtenant de
Frédéric-Guillaume III lui-même, en 1827, la reconnaissance aristocratique à laquelle son père prétendait. De
fait, c'était grâce aux relations de ce dernier que le jeune

---

1. *Infra*, p. 42, note 1.
2. Sir Basil Henry Liddell Hart (1895-1970) est un historien militaire
anglais. Il a formulé, en s'appuyant sur de grands exemples du passé
(Hannibal, Gengis Khan, Sun Tzu, Napoléon…), les principes de la
stratégie indirecte, qui consiste à éviter un choc frontal avec l'adversaire.
Liddell Hart reproche ainsi à Clausewitz d'avoir méconnu la manœuvre
et la ruse, et privilégié « la stratégie du choc direct et brutal, de l'attaque
du fort au fort, plutôt que du fort au faible » (Raymond Aron, *Penser
la guerre, Clausewitz, op. cit.*, t. I : *L'Âge européen*, p. 210) ; voir également *infra*, note 1, p. 42-43.
3. Voir l'introduction du livre de Benoît Durieux, *Relire « De la
guerre » de Clausewitz* (Economica, 2005) : « Clausewitz, un stratège
pour l'Europe ».
4. Voir *infra*, notes 1 et 4, p. 57.

Carl avait pu entrer à l'âge de douze ans comme porte-étendard dans un régiment d'infanterie à Potsdam. Il participa alors aux campagnes de la première coalition en France durant les guerres révolutionnaires, de 1792 à 1794, reçut son baptême du feu au siège de Mayence en 1793, et prit part aux campagnes du Palatinat. Entré en 1801 à l'Académie militaire de Berlin, il y fit la connaissance de Scharnhorst (1755-1813), l'aide de camp du prince Auguste de Prusse, et qui devint son protecteur. Il sortit en 1804 parmi les meilleurs éléments de sa promotion.

Fier de la récente puissance de son pays, Clausewitz vécut tragiquement les deux cuisantes défaites d'Auerstaedt et d'Iéna, le 14 octobre 1806, contre l'armée de Napoléon, qui mit en déroute en quelques heures la prestigieuse armée prussienne. Il passa alors un an de captivité en France au côté du prince Auguste, qu'il suivit peu après dans son pays. Ce traumatisme est fondamental pour comprendre la genèse de *De la guerre*. L'humiliation infligée fut en effet profonde : la Prusse dut reconstruire tout son système politique et militaire. Clausewitz collabora activement avec Scharnhorst à la réorganisation de l'armée, avant d'entrer à l'état-major, où il fut considéré comme l'un des chefs de file des Réformateurs.

Nommé professeur à l'Académie militaire, il observa avec la plus grande attention la naissance de l'État national prussien. Mais, refusant l'alliance du roi de Prusse avec Napoléon en 1812, il quitta son pays et rejoignit l'armée du tsar, laissant au prince héritier, le futur Frédéric-Guillaume IV, un premier ouvrage théorique et pratique : les *Principes essentiels pour la conduite de la guerre*. Il prit alors part à la campagne de Russie et devint officier de liaison auprès de l'état-major de Blücher. En 1814, il réintégra l'armée prussienne avec le grade de colonel, et participa aux ultimes campagnes contre Napoléon, en 1814 et 1815. Nommé chef d'état-major de Gneisenau de 1816 à 1818, il devint, de 1818 à

1830, directeur de l'Académie de guerre de Berlin. Il profita de cette période pour mûrir et rédiger, dans une certaine solitude, son grand traité, *Vom Kriege* (*De la guerre*). Clausewitz mourut du choléra le 16 novembre 1831 à Posen. Son épouse, Marie von Brühl, commença la publication du traité l'année suivante. La redécouverte de Clausewitz, ou sa revanche sur l'histoire, est donc allée de pair avec la reconstitution de la Prusse et, plus tard, la réunification de l'Allemagne. Lourd héritage, dont il faut prendre la mesure, certes, mais qui ne doit pas empêcher d'ouvrir ce livre fondamental.

## LES ORIGINES DU TRAITÉ *DE LA GUERRE*

Disons-le d'emblée : le traité de Clausewitz, aussi novateur soit-il – puisqu'il tire le premier les conséquences des bouleversements induits par la Révolution française et par l'Empire dans la conduite de la guerre –, *n'est pas qu'un traité militaire*. Il participe, on vient de le voir, de l'effort général de reconstitution de la Prusse entrepris par les Réformateurs : la réorganisation de l'armée va de pair avec la refondation de l'État. Clausewitz s'inscrit par là explicitement dans le sillage de cet autre grand réformateur politique et militaire que fut Machiavel, auteur à la fois du *Prince* et d'un *Art de la guerre*.

Il faut cependant attendre l'*Essai général de tactique* du comte Hippolyte de Guibert, qui paraît en 1772, soit deux siècles et demi plus tard, pour que les vues révolutionnaires de Machiavel soient prises en compte. Entre ces deux traités majeurs, il y a un écart que bornent la fin du Moyen Âge et le début des guerres modernes. Un regard rapide sur cette période nous permettra de mieux comprendre, d'un côté, le développement des armes et de la stratégie, de l'autre, une évolution que confirment les batailles de Valmy, en 1792, puis d'Iéna, en 1806.

*L'Art de la guerre* de Machiavel était prémonitoire. Les armées révolutionnaire et régulière françaises réaliseront en effet presque point pour point certaines de ses intuitions. Ce que le penseur et stratège florentin ne voit pas venir, c'est la « guerre en dentelles » du XVIIIe siècle [1]. Ce qu'il diagnostique bien, en revanche, c'est le danger que représentent les mercenaires ou les soldats de métier, indisciplinés, coûteux, imprévisibles et souvent peu efficaces. Un bon soldat sera donc celui dont le combat pour la cité deviendra un *impératif moral* beaucoup plus qu'un simple métier :

> Il faut que ceux qui vont à l'armée par l'autorité du souverain ne marchent pas tout à fait par force ; ni par l'effet de leur propre volonté. [...] Un excès de contrainte produirait d'aussi mauvais effets. Il faut donc prendre un moyen terme, également éloigné de l'excès de contrainte et de l'excès de liberté. Il faut que le respect que le souverain inspire détermine le soldat ; il faut qu'il redoute plus son ressentiment que les inconvénients de la vie militaire. Il y aura par là un tel mélange de contrainte et de volonté qu'on n'aura nullement à craindre les suites du mécontentement [2].

Cette importance donnée aux facteurs moraux, d'un côté, et au peuple, de l'autre, est fondamentale. Le soldat de Machiavel devra être recruté « à la base » et régulièrement aguerri dans des milices populaires :

> Tout État doit tirer ses troupes de son propre pays. [...] Les étrangers qui s'enrôlent volontairement sous vos drapeaux, loin d'être les meilleurs, sont, au contraire, les plus mauvais sujets du pays [3].

Comme la cité ne peut vivre qu'en canalisant vers le dehors les passions de ses membres, *la guerre deviendra*

---

1. On appelle « guerre en dentelles » celle que pratiquent de grands seigneurs dont les plastrons sont ornés de dentelles, et que la tradition moque quand elle prête au comte d'Auteroche, à la bataille de Fontenoy, ce mot fameux : « Messieurs les Anglais, tirez les premiers ! »
2. Machiavel, *L'Art de la guerre*, trad. Toussaint Guiraudet, éd. Harvey C. Mansfield, GF-Flammarion, 1991, p. 79-80.
3. *Ibid.*, p. 76.

*la condition de l'État, comme l'État deviendra celle de la guerre.*

Fidèle aux grands écrivains de la Renaissance, Machiavel en appelle aux Anciens, dans le livre II de son traité, pour imaginer le fonctionnement de ces milices : les légions romaines sont pour lui supérieures au modèle helvétique alors très en vue, corps de fantassins disciplinés recrutés au niveau national [1]. Puisqu'il privilégie les légions et leur accorde la capacité d'arriver plus vite au corps à corps en évitant les lourdes manœuvres (autre point fondamental pour Clausewitz) [2], Machiavel attache peu d'importance à l'artillerie : privilégiant l'homme sur l'armement, plaçant l'infanterie sous un unique commandement, il concentre tout le dispositif *sur la bataille*. L'armée doit à la fois conquérir son autonomie morale par rapport à l'Église (qui féminise les mâles vertus) et son autonomie militaire par rapport à la guerre féodale et chevaleresque (lourde et coûteuse) : elle devient un instrument de précision au service d'un État fort, lui aussi libéré des tutelles ecclésiale et aristocratique.

*Le Prince* éclipsera pendant deux siècles *L'Art de la guerre*. Le poids de la cavalerie, sans parler de l'arrogance des nobles, plus soucieux de belles batailles que de victoires décisives, continueront de faire de la guerre un jeu trop grave pour être mis entre les mains du peuple. De fait, en condamnant l'usage de certaines armes trop efficaces, en préférant le cavalier à l'arbalète, le combat d'honneur et le ballet des belles manœuvres aux batailles sanglantes, l'aristocratie retardera l'accélération d'un progrès mortifère. Cette « science », prônée par de grands militaires qui furent aussi de grands mécènes, permit l'épanouissement des « arts de la paix [3] » aux XVIIe et

----

1. *Ibid.*, p. 96-99.
2. Sans privilégier systématiquement la stratégie directe, comme le lui reprochait Liddell Hart, Clausewitz n'a néanmoins jamais caché le caractère fondamental, pour lui, de la « bataille décisive ».
3. On appelle ainsi les arts soutenant la paix et ne poussant pas, de manière complaisante, à la guerre. Citons, à titre d'exemple fameux, le poète Boileau, s'insurgeant contre les courtisans dans son *Épître au roi*

XVIII<sup>e</sup> siècles. Roger Caillois, dans *Bellone ou la Pente de la guerre*, résume avec éloquence ce paradoxe :

> Tout se passe comme si, dans sa répugnance pour l'arme
> à feu et le combattant à pied, la noblesse avait senti que
> le sérieux de la guerre appartenait à la démocratie. Étrange
> situation que la sienne. Classe guerrière par excellence, elle
> justifie sa morgue et ses privilèges par sa vocation militaire.
> Mais, parce que les engins de mort efficaces ne répondent
> pas à sa table des valeurs, elle les abandonne au vulgaire.
> Comme elle se regarde comme une élite naturelle, elle s'inter-
> dit de recourir au nombre, à la masse, dans les conflits armés.
> Enfin, comme elle met sa gloire dans son raffinement et sa
> délicatesse, elle s'efforce d'enlever à la guerre ses caractères
> de brutalité et d'acharnement. Elle la rend formelle, conven-
> tionnelle, à la rigueur purement combinatoire. [...] De loin
> en loin subsistent seuls des chocs rares, solennels et calculés
> où un héros trouve l'occasion, par ses prouesses, de démon-
> trer sa valeur et de manifester sa naissance. C'est pourquoi
> chaque progrès de la guerre réelle, passionnée, implacable et
> sanglante coïncide avec une poussée de la démocratie et se
> traduit par l'importance accrue de l'infanterie et de la puis-
> sance meurtrière des armes à feu [1].

---

de 1669 : « Oui, grand roi, laissons là les sièges, les batailles,/ Qu'un
autre aille en rimant renverser des murailles,/ Et souvent sur tes pas,
marchant sans ton aveu,/ S'aille couvrir de sang, de poussière et de
feu. »

1. Roger Caillois, *Bellone ou la Pente de la guerre* [1963], La Renaissance du Livre, 1963 ; rééd. avec une préface d'Yves-Jean Harder, Flammarion, « Champs essais », 2012, p. 84-85. Mais la présence de
l'infanterie n'implique pas forcément le risque d'une escalade. Contrairement à la stratégie américaine du « zéro mort » ou de la « guerre
chirurgicale », caractérisée par la priorité des frappes aériennes, la seule
présence de l'armée sur le théâtre des opérations peut être le gage que
*la relation avec l'adversaire n'est pas interrompue*. Voir, sur ce point,
Benoît Durieux, *Relire « De la guerre » de Clausewitz* (*op. cit.*), et aussi,
dans un autre ordre, les pages paradoxales du philosophe Emmanuel
Levinas : « Dans la guerre, les êtres refusent d'appartenir à une totalité,
refusent la communauté, refusent la loi. [...] Le refus de la totalité par
la guerre ne refuse pas la relation, puisque *dans la guerre les adversaires
se cherchent* » (Levinas, *Totalité et infini. Essai sur l'extériorité*, Le Livre
de Poche, « Biblio poche essais », 1990, p. 246-247 ; je souligne). Levinas critique ici la conception hégélienne de la guerre, qui inscrit chaque
individu-soldat dans une « totalité éthique » (voir *infra*, p. XI). Le duel,

C'est pourtant au sein des meilleurs éléments de l'aristocratie militaire française que le projet de Machiavel est
repris et trouve le moyen de s'inscrire dans l'histoire. Le
comte Hippolyte de Guibert publie en effet en 1772 un
*Essai général de tactique* précédé d'un *Discours prélimi-
naire sur l'état actuel de la politique et de la science militaire en Europe* où, tout en louant la vertu des
manœuvres et de la stratégie indirecte, il dénonce aussi le
caractère trop cérémonieux des conflits de son temps. Ce
traité ambivalent, rédigé par le futur rapporteur du
conseil d'administration de la Guerre, créé par Charles
Étienne de Brienne en 1787, peut ainsi être considéré à
la fois comme le dernier feu de la « guerre en dentelles »
et comme la première justification de l'armée révolutionnaire. Guibert loue d'abord les progrès de la science militaire qui a permis d'éviter les hécatombes monstrueuses
des premiers âges :

> On vient de voir comment la science militaire [...] a rendu
> les batailles plus savantes et moins sanglantes. C'est un jeu
> de calcul et de combinaison qui a succédé à un jeu de hasard
> et de ruine. Il est heureux que la science militaire, qui est la
> science de la destruction, rende la guerre moins destructive
> en se perfectionnant. Il est heureux que ce puisse être l'habi-
> leté des généraux qui décide le sort des batailles, plutôt que
> la quantité de sang répandu. Enfin dans un siècle où tous les
> arts ont fait des progrès, il est honorable, il est encourageant
> pour les militaires, que celui de la guerre se ressente de la
> propagation générale des Lumières [1].

On ne peut mieux résumer les principes de la « guerre
en dentelles », figurant ici comme un art parmi les autres
et contribuant, dans cet accord avec les autres arts, à
faire progresser l'esprit des Lumières. Il est indéniable

---

entendu comme un combat d'honneur, est donc déjà une relation, un
face-à-face de deux individus libérés du carcan de l'État, et la première
étape de la relation morale à autrui.

1. Comte de Guibert, *Essai général de tactique*, cité par Roger
Caillois, *Bellone ou la Pente de la guerre, op. cit.*, p. 95-96.

que les arts de la paix n'ont pu prospérer que sur la base de ces « batailles plus savantes ». Mais, quand Guibert semble regarder Fragonard, c'est l'esprit du peintre David qui s'impose sous sa plume, dans le souhait implicite de voir revenir le citoyen-soldat et l'armée républicaine chers à Machiavel. Contre une armée professionnelle, prompte à éviter les batailles décisives et lourde en ruineux mercenaires, seules les milices populaires, c'est-à-dire le *suffrage universel* joint au *service militaire obligatoire*, pourront imposer au monde l'esprit des Lumières.

La guerre, tenue par un État qui la contient en lui comme sa condition même, se voit alors assigner la tâche de garantir la liberté des citoyens contre toutes les tyrannies. On ne peut comprendre autrement le prestige des armées napoléoniennes lorsqu'elles entrent en Espagne en 1808. Mais l'enthousiasme des libéraux espagnols fut, on le sait, vite suivi de désillusion. Hippolyte de Guibert en faisait l'aveu prémonitoire : aussi indéniables soient les progrès accomplis « sous le point de vue de la philosophie et de l'humanité », écrit-il, l'art de la guerre s'est néanmoins « amolli », en oubliant son but qui est « de faire le plus de mal possible à l'ennemi, et de décider promptement les querelles des nations » [1].

Les admirateurs de Guibert seront comblés au-delà de leurs attentes. Après Valmy, en 1792, où le duc de Brunswick doit faire retraite devant une armée de citoyens marseillais venue épauler une armée de métier, annonçant l'ère de la mobilisation totale, les batailles d'Auerstaedt et d'Iéna mettent un terme à cette mythologie de la paix patiemment construite aux XVII^e et XVIII^e siècles. La lettre que Hegel écrivit à son ami Niethammer, le 14 octobre 1806, est à cet égard devenue légendaire :

J'ai vu l'Empereur – cette *âme du monde* – sortir de la ville pour aller en reconnaissance. C'est effectivement une

---

1. Cité par Roger Caillois, *Bellone ou la Pente de la guerre, op. cit.*, p. 108.

sensation merveilleuse de voir un pareil individu qui, concentré ici sur un point, assis sur un cheval, s'étend sur le monde et le domine [1].

Cet optimisme et cette confiance en l'Empire ont induit nombre de contresens sur la « fin de l'histoire » dans le système hégélien. Il est vrai que Hegel achève à Iéna sa *Phénoménologie de l'Esprit*, au moment même où Napoléon fait une entrée triomphale dans la ville, le soir de la bataille. La déroute totale de l'armée prussienne (le roi Frédéric-Guillaume III s'est enfui en Prusse-Orientale, laissant le pays sous l'occupation des armées françaises) a ravivé chez les Prussiens l'humiliation de Valmy. Hegel, comme ses contemporains, n'en a pas moins placé en Napoléon des espoirs immenses : que l'armée française soit désignée pour inscrire, dans la contingence des nations européennes, l'universalité du droit issu de la Révolution de 1789 constitue pour beaucoup d'Allemands une évidence. Cette foi en l'Empereur restera forte chez Hegel qui, par fidélité à son intuition première, et témoignant d'une lucidité qui valait bien quelques reniements patriotiques, ne se réjouira pas, contrairement à Clausewitz, des guerres de libération de la Prusse de 1811 à 1813.

C'est donc parce qu'elle soutient l'État que la guerre est pour Hegel, comme pour Machiavel, une épreuve nécessaire. Tandis que canonne l'armée française en dehors de la ville, la guerre devient, sous la plume du philosophe, la négation de cette négation de l'État qu'est tout individu. À tous ceux qui, par leur repli égoïste et individuel, se sont extraits de la totalité politique et sociale, l'État rappelle à intervalles réguliers qu'ils doivent se sacrifier à l'intérêt général et se réinscrire par là dans l'universel. La guerre n'est dès lors plus une calamité, comme elle l'était encore pour le comte de Guibert, mais bien l'occasion de rappeler à l'ordre des individus

---

1. Hegel, *Correspondance (1785-1812)*, éd. Jean Carrère, Gallimard, « Tel », 1990, t. I, p. 114-115.

« amollis ». Par la guerre, l'individu est absorbé dans cette « totalité éthique » qu'est l'État-nation. Plus question de parades, de gloire ; la guerre a cessé d'être un luxe : elle devient la manifestation de l'existence nationale tout entière. On le voit : jadis activité secondaire des sociétés aristocratiques, la guerre prend au moment de la levée en masse, et dans le sillage des victoires foudroyantes de Napoléon, une nouvelle dimension.

## DE LA GUERRE : UN TRAITÉ INCLASSABLE

Carl von Clausewitz ne tire pas de la bataille d'Iéna la même interprétation que son compatriote Hegel. Ce n'est pas l'« âme du monde » qu'il voit apparaître en Napoléon, mais bien le « dieu de la guerre ». Les deux défaites de 1806 sont pour lui une humiliation définitive, au point qu'il s'engage dans les armées du tsar, en 1812, pour obtenir sa revanche contre l'Empereur. René Girard s'est beaucoup intéressé au poids du modèle napoléonien dans la psychologie fiévreuse de ce stratège écarté des postes de responsabilité et mûrissant dans le secret sa réponse à Napoléon [1]. De fait, le « génie guerrier » de l'Empereur, qui fait toute l'admiration de l'officier, est littéralement repris au compte de la Prusse, au sein d'une pensée militaire qui fait la part belle à la « montée aux extrêmes » [2]. Bien sûr, Clausewitz salue aussi en Napoléon le stratège réfléchi, méthodique et calculateur, le garant des grandes innovations de la Révolution (comme la conscription et la levée en masse), enfin l'homme du « coup d'œil [3] », prêt à concéder « mathématiquement sa part » au hasard [4]. Mais c'est toujours une admiration venimeuse

1. René Girard, *Achever Clausewitz. Entretiens avec Benoît Chantre*, *op. cit.*, p. 160-164, et aussi le chap. VI, « Clausewitz et Napoléon », p. 239 *sq.* ; voir aussi Dossier, *infra*, p. 174 *sq.*
2. Voir *infra*, p. 15.
3. *Infra*, p. 76.
4. Voir Emmanuel Terray, *Clausewitz*, *op. cit.*, p. 45-50.

de ce modèle qui semble l'emporter sur celle, plus convenue, qu'il voue à Frédéric II, l'autre grand exemple du
traité [1].

Clausewitz meurt la même année que Hegel, et sans
doute de la même épidémie de choléra. Ces deux contemporains décisifs se rejoignent dans la mort, mais aussi
dans une commune sacralisation de la guerre. La
« montée aux extrêmes » du premier assombrit néanmoins l'aventure de l'Esprit pensée par le second, au
point de donner à sa « fin de l'histoire » un tour nettement apocalyptique. Toute la ruse du stratège prussien
va consister à mettre en sourdine cette intuition origi-
naire. C'est cette ambivalence qui fait l'intérêt de l'œuvre
et sa saveur proprement littéraire.

Rappelons que le traité de Clausewitz, resté inachevé
à la mort de son auteur en 1831, fut publié par sa veuve
à partir de 1832. Cette dernière fit précéder la publication
de l'ouvrage de trois notes « trouvée[s] dans les papiers
de Clausewitz » qui ouvrent depuis la plupart des éditions complètes du traité. Le troisième de ces textes,
« probablement le dernier en date », mérite qu'on s'y
arrête un instant. Clausewitz, sentant sa fin prochaine et
se laissant aller au penchant mélancolique qui colora la
fin de sa vie, y fait la remarque suivante :

> Tel qu'il est, le manuscrit sur la conduite de la grande
> guerre qu'on trouvera après ma mort ne peut être considéré
> que comme un assemblage de fragments qui devrait servir à
> l'élaboration d'une théorie de la grande guerre. Dans
> l'ensemble, je n'en suis pas encore satisfait, et le sixième livre
> n'est qu'une simple esquisse. J'aurais voulu le remanier entiè-
> rement et lui donner une conclusion différente.
>
> Pourtant, dans leurs grandes lignes, les idées défendues
> dans ces matériaux sont justes à mon avis. Elles sont le fruit
> de méditations très diverses, toujours rapportées à la vie pra-
> tique, à l'expérience et à tout ce que m'ont appris des soldats
> éminents. [...]

---

1. Voir, par exemple, *infra*, note 2, p. 35, note 1, p. 44, note 3, p. 76,
et note 1, p. 93.

Le premier chapitre du livre I est le seul que je considère comme achevé. Il aura du moins l'avantage d'indiquer l'orientation que j'aurais voulu imprimer à l'ensemble[1].

On songe, entre autres, aux *Pensées* de Pascal, fragments d'un grand projet rassemblés après la mort de son auteur et dont l'allure parcellaire indique moins un échec de l'œuvre que sa dimension non systématique. *De la guerre*, nous dit Clausewitz, « devrait servir à l'élaboration d'une théorie de la grande guerre ». Autant dire que cette théorie reste à faire. C'est donc à dessein que l'officier prussien refuse d'apparaître comme un doctrinaire et se met au service de ceux à qui l'ouvrage est destiné : les vrais acteurs de la chose militaire, qui sauront se nourrir de ses remarques, sans pour autant les appliquer à la lettre.

Contrairement à de nombreux stratèges – en particulier à Jomini (1779-1869), son homologue suisse dont la « méthode géométrique » ne proposait rien de moins que des recettes pour la victoire[2], et à Dietrich von Bülow[3] –, Clausewitz confie ses « fragments » à des personnes singulières, proposant à leur « génie » les réflexions que lui ont inspirées l'exemple de « soldats éminents » : Maurice de Saxe, Frédéric II, Napoléon, entre autres. Sa théorie n'a donc rien d'une doctrine. Elle se veut avant tout une observation. On trouve cette définition du traité au chapitre II du livre II :

> C'est une investigation analytique de l'objet qui aboutit à sa connaissance exacte et, appliquée à l'expérience, en l'occurrence à l'histoire de la guerre, entraîne la familiarité avec cet objet. Plus elle atteint ce but, *plus elle passe de la forme objective d'un savoir à la forme subjective d'un pouvoir, et plus son efficacité se révélera*, même si la nature de la chose n'admet pas d'autre décision que celle du talent ; c'est par

---

1. Clausewitz, *De la guerre*, trad. Denise Naville, Minuit, « Arguments », 1955, p. 43-44.

2. Voir Dossier, *infra*, p. 135 *sq.*

3. Voir *infra*, note 2, p. 11, et note 1, p. 24.

XIV *De la guerre, livre I*

celui-ci qu'elle deviendra efficace. [...] La théorie existe pour que chacun n'ait pas à chaque fois à mettre de l'ordre et à se frayer une voie, mais trouve les choses ordonnées et éclaircies. Elle est destinée à éduquer l'esprit du futur chef de guerre, disons plutôt *à guider son auto-éducation et non à l'accompagner sur le champ de bataille*, tout comme un pédagogue avisé oriente et facilite le développement spirituel du jeune homme sans pour autant le tenir en laisse tout au long de sa vie [1].

On ne peut être plus clair : les desseins de Clausewitz sont ceux d'un pédagogue. Mais les chefs de guerre sont des autodidactes. Dans l'esprit de Clausewitz, leur expérience du théâtre des opérations, éclairée par les remarques du stratège, devra venir nourrir en retour la théorie, qui se veut d'abord une observation rigoureuse. Ce sont ces lecteurs privilégiés – en l'occurrence les généraux prussiens à qui ce livre est destiné, pour parer au retour possible de la France en 1830 – qui auront à achever la théorie, à la « couronner » par leurs actions d'éclat.

Même s'il fut très influencé par *L'Art de la guerre* de Machiavel et en même temps très nourri de l'esprit des Lumières (Montesquieu en particulier) [2], Clausewitz ne prétend ni construire un art ni établir une science militaire. C'est bien de la guerre, et de ses nouvelles conditions après la Révolution française et les campagnes napoléoniennes, qu'il entend faire la théorie. Il note ainsi, dès le livre II :

[...] nous n'hésiterons pas à affirmer que la guerre n'est ni un art ni une science au véritable sens du terme, et que c'est justement en partant de là qu'on commit une erreur qui fit assimiler la guerre à d'autres arts ou à d'autres sciences, ce qui donna lieu à une foule d'analogies erronées. [...] *Nous disons donc que la guerre n'appartient pas au domaine des arts et des sciences, mais à celui de l'existence sociale.* Elle est un conflit de grands intérêts réglés par le sang, et c'est seulement

---

1. Clausewitz, *De la guerre, op. cit.*, p. 134-135 ; je souligne.
2. Voir *infra*, note 1, p. 45.

en cela qu'elle diffère des autres conflits. Il vaudrait mieux la comparer, plutôt qu'à un art quelconque, au commerce qui est aussi un conflit d'intérêts et d'activités humaines ; elle ressemble *encore plus* à la politique, qui peut être considérée à son tour, du moins en partie, comme une sorte de commerce sur une grande échelle. De plus, la politique est la matrice dans laquelle la guerre se développe ; ses linéaments déjà formés rudimentairement s'y cachent comme les propriétés des créatures vivantes dans leurs embryons [1].

Derrière une modestie apparente, les premiers chapitres du traité dévoilent ainsi une ambition considérable. Puisqu'elle concerne au premier chef les relations entre les individus et les groupes, c'est-à-dire un « objet qui vit et réagit [2] », cette théorie n'est pas réductible à un art de la guerre, elle est vraiment une *science humaine* avant la lettre ; et une science qui porte sur la violence à l'ère des masses. Rien d'étonnant, alors, à ce que Clausewitz ait été mal reçu, par les militaires tant prussiens que français, dans le demi-siècle qui suivit la publication de son ouvrage. On lui reprocha d'avoir mal compris Napoléon ou, au contraire, de trop vouloir l'imiter. Certes, il voulait égaler ce « dieu de la guerre ». Mais son observation du fait guerrier renvoie à la société dans son ensemble. Déterminée par un contexte politique (un état des forces en présence), c'est à la « bataille décisive », bataille qui engage la totalité du corps social, qu'elle se réfère en dernier lieu. D'où l'immédiate précision du livre I, qui n'a pas été sans effrayer les derniers tenants de la « guerre en dentelles » :

> Des esprits philanthropiques pourraient concevoir l'existence de quelque méthode artificielle pour désarmer ou terrasser un adversaire sans lui infliger trop de blessures, et voir dans cette idée la vraie tendance de la guerre. Quelque spécieuse qu'en soit l'apparence, il importe de détruire cette

---

1. Clausewitz, *De la guerre, op. cit.*, p. 145 ; je souligne la première fois.
2. *Ibid.*, p. 146.

erreur ; car, dans une chose aussi dangereuse que l'est la guerre, ce sont précisément les erreurs résultant de la bonté d'âme qui sont les plus pernicieuses. L'emploi de la violence physique dans toute son étendue n'exclut aucunement la coopération de l'intelligence. Il en résulte que celui qui emploie cette violence avec brutalité, sans épargner le sang, acquiert la prépondérance sur un adversaire qui n'en agit pas de même, et lui dicte la loi [1].

Le primat de la « bataille décisive » vient mettre un terme aux manœuvres « plus savantes et moins sanglantes » que le comte de Guibert ou le maréchal de Saxe appelaient de leurs vœux. Le traité clausewitzien se présente ainsi comme une théorie pratique de la *décision* [2]. Occasion de rappeler que le terme français renvoie au verbe *decidere*, qui lui-même dérive de *cædere*, et signifie « trancher », au sens très concret d'une tête qu'on coupe [3]… La guerre se règle dans le sang, comme une relation commerciale se règle « en paiement comptant », écrit Clausewitz [4]. La relation guerrière est donc à l'origine de la relation commerciale. Ces deux relations renvoient à leur tour à la politique comme à un art plus élaboré de décider, c'est-à-dire de « trancher » des différends entre les individus. Le souvenir de l'échange des coups demeure derrière l'échange des biens. Le commerce, même s'il témoigne d'un progrès de la civilisation, porte toujours en lui les traces de ses origines, c'est-à-dire des relations violentes entre les individus. Le choc napoléonien a ainsi fait réapparaître la violence de la nature humaine derrière le vernis de la culture. Il a révélé à ses

---

1. *Infra*, p. 11-12.
2. Voir, par exemple, *infra*, p. 20-21, 33-34 et 63-64.
3. De même, en allemand, *Entscheidung* dérive du vieux haut allemand *sceiden*, dérivé lui-même du latin *scindo* (« couper », « fendre »), venu du grec *skhizô*, « fendre ».
4. « La décision par les armes, dans toutes les opérations de guerre, grandes ou petites, c'est le paiement comptant dans les transactions commerciales. Quelque rares que soient les versements, ils ne manquent jamais d'être effectués entièrement » (*infra*, p. 63).

observateurs que les passions de la tribu sont toujours là, derrière le « doux commerce » des individus.

Enfin – dernier tour de ce stratège d'exception –, Clausewitz annonce à son lecteur, dans la dernière page testamentaire que sa veuve place au début du traité, que « le premier chapitre du livre I est le seul [qu'il] considère comme achevé » et qu'il « aura du moins l'avantage d'indiquer l'orientation [qu'il] aurai[t] voulu imprimer à l'ensemble ». Nouvelle manière d'éviter le dogmatisme en avouant une faiblesse du texte ? On peut envisager cette hypothèse. Il n'en demeure pas moins que le sang circule encore entre ce chapitre I et tout le reste du livre ; des échos intérieurs s'y font entendre ; des thèmes annoncés y sont développés et vont prendre, au fil des huit livres du *De la guerre*, une ampleur imprévue. Ces thèmes concernent moins, cependant, le primat de la politique, pourtant annoncé dans l'introduction, que la « bataille décisive », le « point de référence » de la guerre absolue, le primat des facteurs moraux ou l'importance des « masses en présence ». Beaucoup plus qu'une reprise qui viendrait contredire des analyses antérieures, jugées désuètes ou dangereuses, ce chapitre fonctionne donc comme l'ouverture d'une symphonie inachevée, laissant à d'autres le soin d'en proposer des « achèvements ».

Telle aura peut-être été l'ultime ruse de Clausewitz, fervent théoricien de la guerre défensive, que de déjouer les offensives dont son texte va devenir l'objet. Raymond Aron s'y laissa prendre, qui prôna dans son ouvrage majeur, *Penser la guerre, Clausewitz*, l'idée d'une « coupure » entre le chapitre I du livre I et tout le reste du traité [1]. Il entreprit ainsi de lire l'ensemble dans l'esprit

---

1. Le livre I a été rédigé en 1818, puis repris onze ans plus tard au moment de la rédaction du livre VIII portant sur « le plan de guerre » ; on retrouve dans ce livre VIII des développements sur les rapports entre guerre et politique, mais aussi une définition très importante de la guerre absolue considérée comme un « point de référence ». Le livre II est intitulé : « La théorie de la guerre » ; le livre III, « De la stratégie en général » ; le livre IV, « L'engagement » ; le livre V, « Les forces militaires » ; le livre VI, « La défense » (analyse du primat de la défensive

du chapitre inaugural : celui de la maîtrise politique du phénomène guerrier. Cette « coupure » revendiquée, cette « décision » du commentateur, tranche délibérément dans le texte clausewitzien et le prive en partie de sa très riche ambivalence. Clausewitz a certes repris, peu de temps avant sa mort, l'ensemble de son ouvrage pour faire passer au second plan des analyses encore très inspirées par l'admiration qu'il voue à Napoléon (on pense, entre autres, au récit de la campagne de France au livre II). Mais il n'a pas abandonné cette veine épique, voire *catastrophique* : derrière le primat du politique, apparemment affiché, ce sont les passions et les haines, mais aussi le « caractère grandiose » de la guerre que l'on entend encore gronder.

## LES TROIS DÉFINITIONS DE LA GUERRE

On le voit, il faut entrer dans le texte de Clausewitz avec la plus grande prudence. C'est en tenant la guerre pour un phénomène irrationnel et néanmoins à la portée de la raison que nous saisirons la complexité de cet objet, « caméléon […] changeant de nature dans chaque cas particulier [1] ». Mais un nouveau détour s'impose encore avant d'entreprendre la lecture du livre I, qui fait l'objet de la présente édition. Il convient en effet de rappeler les *trois définitions de la guerre* données par Clausewitz. Elles se révèlent à la fois contradictoires et complémentaires. La première définition se trouve au début du chapitre I du livre I ; la deuxième dans une nouvelle note datée du 10 juillet 1827 et publiée elle aussi au début du traité ; la troisième au terme du chapitre I du livre I.

---

sur l'offensive et de la guerre menée par le peuple en armes ; voir *infra*, Dossier, p. 138 *sq.*) ; le livre VII est consacré à « l'attaque » (et se clôt sur le concept essentiel de « point culminant de la victoire », au-delà duquel le sort d'une offensive peut s'inverser).

1. *Infra*, p. 46.

Voulant aller « du simple au composé [1] », Clausewitz attaque son traité par une première définition :

> Nous n'essaierons pas de donner de la guerre une définition de publiciste. Nous nous fixerons au moyen de son élément, le combat singulier : le duel. La guerre n'est qu'un duel sur une grande échelle. La multitude de duels particuliers dont elle se compose, considérée comme un tout, peut se représenter par l'acte de deux lutteurs. Chacun de ceux-ci veut, au moyen de la force physique, contraindre son adversaire à accomplir sa volonté. Son but *immédiat* est de *terrasser* l'adversaire, et de le rendre par là incapable de continuer la résistance.
>
> D'après cela, *la guerre est un acte de violence ayant pour but de contraindre un adversaire à accomplir notre volonté* [2].

Les termes soulignés par Clausewitz lui-même insistent sur la dimension *immédiate* et *sanglante* de ce duel, qui consiste à soumettre totalement l'adversaire. Cette immédiateté de la guerre ne connaît donc aucun frein spatial, temporel ou humain. La guerre est *par nature* (« selon son concept [3] ») une violence illimitée :

> En un mot, les passions hostiles les plus violentes peuvent s'allumer entre les peuples les plus civilisés. [...] Nous répéterons donc notre proposition : la guerre est un acte de violence à l'emploi de laquelle il n'existe pas de limites ; les belligérants s'imposent mutuellement la loi ; il en résulte une action réciproque qui, selon son concept, doit conduire aux extrêmes [4].

Cet usage illimité de la force est la première « action réciproque » (*Wechselwirkung*) évoquée pour définir le duel. Viennent ensuite deux autres types de réciprocité, qui aboutissent à deux autres types de montée aux

---

1. *Infra*, p. 9, note 1.
2. *Infra*, p. 9-10.
3. *Infra*, p. 15.
4. *Infra*, p. 14-15. On peut citer ici le texte original : [...] *so gibt jeder dem anderen das Gesetz, es entsteht eine Wechselwirkung, die dem Begriff nach zum äussersten führen muss.*

extrêmes : l'objectif du désarmement de l'adversaire (partagé de façon croissante par les deux belligérants)[1] et le déploiement extrême des forces (la volonté de plus en plus partagée de détruire l'autre)[2].

*De la guerre* commence, on le voit, de façon vertigineuse. Mais le texte nous ménage très vite une première surprise. Clausewitz note en effet tout de suite, et comme à regret, que cette vision de la guerre (qu'il qualifie étrangement d'« optimiste[3] »), cette triple réciprocité (dans l'usage de la force, dans l'objectif du désarmement et dans la volonté de détruire), *ne correspond pas, en fait, à la réalité guerrière*. Dans la réalité, la guerre n'est jamais « un acte isolé surgissant spontanément et subitement sans se rattacher à la vie politique préexistante » ; elle ne consiste pas « en une seule décision, ou en plusieurs décisions simultanées » ; enfin, elle interagit toujours avec une « situation politique » déterminée[4]. La guerre réelle (et non idéale ou absolue) ne recherche donc pas nécessairement les extrêmes, même si, précise ailleurs Clausewitz, « elle ne s'y dérobe pas ». Elle rentre dans le temps, dans l'espace et dans un contexte politique déterminé ; elle n'échappe enfin ni au calcul des probabilités ni à l'objectif politique.

D'abord grisé par le pur concept de la guerre, qu'il range ensuite parmi les « arguties logiques[5] », Clausewitz revient donc à des considérations concrètes : celles dans lesquelles disparaît la guerre idéale ou absolue. Cette dernière s'est en effet réalisée (et un peu édulcorée)

---

1. *Infra*, p. 16-17.
2. *Infra*, p. 17-18.
3. « Mais lorsque nous quittons l'abstraction pour considérer la réalité, tout change. Dans le premier cas, tout était régi par l'optimisme ; les deux adversaires devaient être supposés tendre vers la perfection, et l'atteindre même. Mais dans le second, en sera-t-il jamais ainsi ? » (*infra*, p. 20).
4. *Ibid.*
5. *Ibid.*

dans l'histoire, sous le nom de « guerre totale », avec la mobilisation du peuple au cours des campagnes napoléoniennes. Ce sont donc des raisons théoriques qui ont obligé Clausewitz à séparer le concept de sa réalité. Faut-il dire cependant, avec Raymond Aron, que la guerre absolue *n'*est *qu'*un concept ? Clausewitz ne va pas jusque-là. Il écrit ainsi, dans le livre VIII, que la « guerre absolue » est le « point de référence »[1] qui sert de critère à l'ensemble des conflits, des plus sanglants aux plus politiques.

Clausewitz ne dit donc pas que le réel ne peut jamais rejoindre son concept. Il dit que *les guerres réelles tendent vers la guerre absolue, mais sont constamment freinées*, dans la réalité de l'histoire, par de nombreuses déterminations. Ici intervient, en effet, le fameux « brouillard de la guerre[2] », plein de très nombreuses « frictions » ou de « frottements » que Clausewitz évoque dès le chapitre VII du livre I[3], pour souligner la « volonté de fer » du chef de guerre, seule à même de les réduire :

> Tout est très simple à la guerre ; mais les choses les plus simples y sont difficiles. Ces difficultés s'accumulent et produisent une somme générale, une friction, que l'on ne peut se représenter exactement sans avoir vu la guerre. [...] Il faut une volonté de fer pour vaincre cette friction. [...] Dans l'art de la guerre, nous trouverons constamment, comme dernier mot, la volonté énergique d'un esprit impérieux, semblable à

---

1. « La théorie doit admettre tout cela, mais son devoir est de donner la première place à la forme absolue de la guerre comme à un point de référence, de sorte que celui qui veut apprendre quelque chose en théorie ne s'habitue jamais à le perdre de vue, et le considère comme la mesure fondamentale de ses espoirs et de ses craintes, afin de s'en approcher *là où il le peut*, ou *là où il le doit* » (*De la guerre*, livre VIII, trad. citée, p. 673). Cette seule citation remet en question l'idée selon laquelle la guerre absolue ne serait « qu'un concept ».

2. Livre II, chap. II.

3. Voir *infra*, chap. VII, p. 111, et, pour le concept de « frottement », p. 116 par exemple.

un obélisque central vers lequel convergent toutes les rues principales d'une ville [1].

Ce sont ces frottements de la « machine militaire » (c'est-à-dire de l'armée) dus à la fatigue, au climat ou à la nature des sols, auxquels les exercices réguliers et l'aguerrissement servent de lubrifiant, est-il dit dans la conclusion du livre I. Métaphore saisissante, qui témoigne de cette mécanisation du social annoncée par les guerres du XIXe siècle, et qui fut consacrée à Verdun. Lever le « brouillard de la guerre », c'est donc, au sein des guerres réelles, pouvoir tendre vers la guerre absolue, ou vers la guerre définie comme un « duel » :

> En traitant du danger, des fatigues du corps, des renseignements et de la friction [2], nous avons nommé les objets qui se réunissent dans l'atmosphère de la guerre pour en faire un milieu résistant. Leurs effets entravants peuvent donc être compris tous sous le concept général d'une friction universelle. On pourra demander maintenant s'il existe une huile pour lubrifier ce frottement. Il n'y en a qu'une seule, et elle n'est pas toujours à la disposition du général : c'est l'habitude de la guerre dans l'armée.
>
> L'habitude endurcit le corps contre les grandes fatigues, trempe l'âme contre les grands dangers, et affermit le jugement contre les premières impressions. Partout elle produit un précieux discernement, qui s'étend depuis le hussard et le chasseur jusqu'au général de division et qui facilite l'action du général en chef [3].

Nous en arrivons à la deuxième définition de la guerre, que Clausewitz donne dans une note du 10 juillet 1827 figurant au seuil de la première édition (et qui inspire le paragraphe 25 du chapitre I du livre I, intitulé « Diversité

---

1. *Infra*, p. 111-112. Le chapitre VII du livre I est donc le point de perspective de l'ensemble de ce premier livre, son « obélisque central » : tout converge vers cette « volonté de fer ».

2. Soit les chapitres IV à VII du livre I.

3. *Infra*, p. 116. L'exemple du chef de guerre, qui constitue le centre de la théorie, se doit donc de devenir contagieux.

de nature des guerres [1] »). Il y distingue « deux genres de guerre », qu'il est en train de mieux faire apparaître à mesure qu'il se relit et reprend son traité :

> Je considère les six premiers livres déjà transcrits au net comme une masse encore assez informe, qui doit absolument être remaniée à fond. Ce remaniement mettra surtout mieux en relief les deux genres de guerre. Toutes les idées auront alors un sens plus net, une orientation précise, une application plus définie. Ces deux genres de guerre sont les suivants : l'un a pour fin d'*abattre l'adversaire*, soit pour l'anéantir politiquement, soit pour le désarmer seulement en l'obligeant à accepter la paix à tout prix ; dans l'autre, *il suffit de quelques conquêtes aux frontières du pays*, soit qu'on veuille les conserver, soit qu'on veuille s'en servir comme monnaie d'échange au moment de la paix. Il faudra naturellement respecter les genres intermédiaires, mais la nature entièrement différente devra apparaître partout et marquer la séparation entre les éléments inconciliables.
>
> En plus de cette différence de fait, il faudra souligner expressément et exactement l'opinion tout aussi nécessaire en pratique d'après laquelle la guerre *n'est rien d'autre que la poursuite de la politique d'État par d'autres moyens*. Ce point de vue, partout exprimé, introduira beaucoup plus d'unité dans nos investigations, et tout sera bien plus facile à démêler [2].

Cette distinction entre guerre de renversement et guerre abâtardie par la politique reprend, sans toutefois la recouper tout à fait, la distinction entre guerre idéale et guerre réelle. Car il s'agit pour Clausewitz de coller au plus près de la réalité historique. Si la guerre absolue suppose *théoriquement* deux adversaires absolument semblables, et dont le conflit conduit nécessairement la guerre aux extrêmes, provoquant alors la destruction

---

1. *Infra*, p. 42.
2. Clausewitz, *De la guerre*, trad. citée, p. 42 ; souligné par Clausewitz.

mutuelle des deux combattants [1], la guerre de renversement, opposée à la guerre « aux frontières », suppose
*pratiquement* et *historiquement* la victoire écrasante de
l'un des deux adversaires sur l'autre. Elle est un jeu à
somme nulle : celui où la victoire d'un camp est neutrali-
sée par la défaite de l'autre camp. Les victoires napoléoniennes sont de cet ordre, qui annoncent, sans pour
autant la réaliser, la guerre absolue qui hante Clausewitz.
La deuxième définition de la guerre, ou la distinction
entre les deux genres de guerre (de renversement et « de
diplomatie »), est donc moins théorique et plus conforme
à la réalité historique. C'est à la lumière de cette distinction que le stratège va pouvoir, dans son traité, qualifier
le duel et la montée aux extrêmes d'« arguties logiques ».
Il reprend enfin, dans cette note de 1827, la formule la
plus célèbre du *De la guerre* (celle qui précède tout juste,
dans le livre I, la troisième et dernière définition de la
guerre comme « singulière trinité ») :

> La guerre n'est qu'une continuation de la politique avec
> d'autres moyens [2].

Cette formule résume trop vite l'ensemble de l'œuvre
clausewitzienne, mais elle en reste néanmoins la clé.
Toutes les guerres historiques, *dans la mesure où il y a
encore une histoire humaine possible*, sont ainsi contenues
par la politique, quand bien même l'intensité de certains

---

1. Cette « destruction mutuelle assurée », pour reprendre une expression de la stratégie nucléaire américaine (*Mutual Assured Destruction*,
MAD), est montrée de façon admirable par une peinture de Goya, *Duel
à coups de gourdins*, contemporaine de la rédaction du *De la guerre*, où
l'on voit deux combattants identiques creuser leur propre tombe en se
battant (voir Tzvetan Todorov, *Goya à l'ombre des Lumières*, Flammarion, 2010, p. 245). Notons que c'est cette interprétation du duel qui
permet à René Girard, dans *Achever Clausewitz*, de sortir de l'interprétation imposée par Raymond Aron. Bien des pages du stratège prussien
témoignent en effet de la *réalité apocalyptique* de ce « point de référence », dont l'événement ne peut plus être dit impossible, surtout à
l'ère de la dissémination des armes de destruction massive.

2. *Infra*, p. 42.

conflits verrait les moyens militaires y contaminer les fins politiques.

Clausewitz termine le chapitre I du livre I en tirant un « résultat pour la théorie », à partir de la tension propre à la contrariété des deux premières définitions de la guerre. Ce sera sa troisième et dernière définition. Elle résout les deux précédentes dans une tripartition fondamentale qui mérite d'être citée dans son intégralité :

> D'après ce qui précède, la guerre non seulement tient du caméléon [1], comme changeant de nature dans chaque cas particulier, mais elle forme encore dans sa généralité, sous le rapport des tendances qui règnent en elle, une singulière trinité composée : de la violence originelle de son élément, de la haine et de l'hostilité, qu'on peut considérer comme un *instinct aveugle* ; du jeu des probabilités et du hasard, qui y introduit l'*activité libre de l'âme* ; de la nature subordonnée de l'instrument politique, ce qui la rapporte *à l'entendement pur*.
>
> La première de ces trois faces correspond au peuple, la seconde au général et à son armée, la troisième au gouvernement. Les passions qui y seront mises en jeu doivent déjà exister dans les nations ; l'étendue qu'acquiert l'élément de courage et de talent dans le domaine de la probabilité et du hasard dépend de la qualité du chef et de l'armée ; les fins politiques, au contraire, se rapportent exclusivement au gouvernement.
>
> Ces trois tendances, qui se présentent comme autant de systèmes de lois différents, ont leurs racines dans la nature intime du sujet et sont en même temps des grandeurs variables. Une théorie qui négligerait l'une d'elles, ou qui établirait entre elles un rapport arbitraire, se mettrait immédiatement dans une telle contradiction avec la réalité qu'on devrait par là même la considérer comme nulle.
>
> La tâche consiste donc en ce que la théorie gravite constamment entre ces trois tendances, comme entre trois centres d'attraction [2].

---

1. Voir *infra*, note 2, p. 46.
2. *Infra*, p. 46-47.

La formule complète de la guerre est donc ici donnée par Clausewitz, dans une logique implacable qui fait un peu penser, *mutatis mutandis,* à celle des trois ordres de Pascal, tant chaque niveau de la hiérarchie se présente selon sa « grammaire » propre [1], pour reprendre une autre expression clausewitzienne. La « singulière trinité », en écho à celle de Platon dans *La République* [2], met le peuple à la base, le chef de guerre au centre et le chef d'État au sommet. À chacun de ces trois niveaux de réalité (ou de ces « trois centres d'attraction ») correspondent, comme chez Platon, des passions ou des états d'âme :

---

1. Voir Dossier, *infra,* p. 131.

2. *La République* de Platon stipule, dès son ouverture, que la cité doit être fondée sur la justice, contenir plus précisément ces quatre vertus cardinales que sont la sagesse, le courage, la tempérance et la justice. La dernière vertu englobe les précédentes : elle peut être considérée comme la condition de leur existence. Tout s'éclaire si l'on comprend, d'une part, que les trois premières vertus correspondent aux trois classes de la cité idéale, et que les trois parties de l'âme, d'autre part, correspondent à ces trois classes : la raison est donnée aux gouvernants, le courage aux guerriers, le désir aux artisans et commerçants – caractéristiques correspondant donc aux vertus de sagesse, de courage et de tempérance réglées et maintenues à leur place par la justice. Ainsi, grâce à cette « garde » de la justice, le gouvernant reste sage, le guerrier courageux et l'artisan (ou commerçant) tempéré dans ses désirs. La justice fait donc conjointement régner l'ordre dans l'âme et dans la cité : elle maintient la juste division du travail et la meilleure partition de l'esprit. C'est quand le désir incontrôlé du peuple, en revanche, se révolte contre l'autorité légitime qu'intervient le règne de l'argent et, avec lui, la décadence politique. Il est intéressant de comparer cette formule à la « singulière trinité » de Clausewitz, qui lui doit beaucoup, mais la modifie *en confondant l'ordre politique et l'ordre militaire* : c'est la réorganisation de l'armée qui conditionne chez lui celle de la nation tout entière. Le désir de l'homme du peuple (du soldat du rang, donc) peut, chez Clausewitz, légitimement s'emporter. Nous serons alors dans une escalade voulue par la politique – puisque « les guerres peuvent être considérées toutes comme des actions politiques » (p. 44). Il s'agit, dans cette hypothèse, de la manifestation héroïque de la nation en guerre, mais plus du tout de sa décadence. Clausewitz s'affiche donc comme le penseur le plus antiplatonicien qui soit.

– la « haine » et l'« hostilité » déployées comme un « *instinct aveugle* » restent au niveau du peuple ;

– « le courage et le talent dans le domaine de la probabilité et du hasard » sont l'apanage du chef de guerre, dont l'« *activité libre de l'âme* » est capable de saisir une chance décisive, sur fond d'une vision complète de la situation ;

– enfin la définition des objectifs politiques, c'est-à-dire des fins propres à la guerre, ressortit à « *l'entendement pur* » du chef d'État.

Ces trois ordres de réalité, certes, « se présentent comme autant de systèmes de lois différents ». Clausewitz suppose néanmoins que des passages d'un ordre à l'autre sont possibles, mais de façon non « arbitraire », c'est-à-dire en fonction des circonstances. La « singulière trinité » se révèle la formule la plus adéquate, parce que la plus souple. Cette souplesse peut parfois se faire aux dépens du politique si les passions guerrières finissent par l'emporter ; et souvent à son avantage si chaque ordre fonctionne en harmonie avec les autres, dans une juste « gravitation ».

Ainsi le chef de guerre, s'il fait preuve d'assez de prudence, de courage et de talent, peut confondre totalement ses vues avec le chef d'État, dans les moments décisifs où seul compte le renversement de l'adversaire. Mais il rentrera dans son ordre si la guerre évolue vers la stratégie indirecte, quand l'objectif politique l'emporte sur l'opération guerrière. Tout un arsenal de stratégies et de tactiques [1] est alors possible, de la conquête à l'escarmouche en passant par la manœuvre, qui permettront

---

1. L'art de la guerre – Clausewitz reprenant et développant ici un lieu commun de la théorie militaire – consiste : 1° à définir clairement les fins politiques d'une guerre ; 2° à penser la meilleure stratégie pour provoquer le retrait de l'adversaire ou préparer la bataille qui sera décisive ; 3° à gagner « tactiquement » cette bataille, s'il faut la mener, en frappant avec le plus de précision et de force possible le « centre de gravité » de l'adversaire. Ainsi la tactique actualise la stratégie, laquelle actualise à son tour la politique.

au chef d'État de négocier comme il l'entend avec son adversaire, si toutefois la guerre est menée comme une guerre limitée.

Il en va de même pour les passions du peuple, qui peuvent se donner libre cours dans les moments exceptionnels, quand la situation monte aux extrêmes (quand la guerre réelle tend vers la guerre absolue), et devenir au contraire plus politiques quand il s'agit de faire « quelques conquêtes aux frontières du pays [1] ». Nous passons alors du « *sentiment hostile* » à la simple « *intention hostile* », pour reprendre l'une des premières distinctions établies au début du livre I [2]. On peut donc imaginer un soldat issu du peuple ou de la petite aristocratie, que les passions tempérées par une intelligence hors pair feraient accéder au plus haut niveau de l'armée, voire, en temps de guerre, au sommet de l'État.

On le voit, très attaché à la reconstitution d'une élite militaire, Carl von Clausewitz, figure de proue des réformateurs de la Prusse et de son armée, sait là aussi tirer parti de l'aventure napoléonienne. C'est à la reconstitution d'une nouvelle aristocratie, trempée aux réalités du combat, et non aux frivolités de la guerre en dentelles, que vise tout son effort. Raison pour laquelle le stratège prussien plonge aux racines guerrières de la décision politique. Clausewitz joue avec le feu : rarement le fait militaire aura été décrit avec une telle force. Mais rarement aussi un penseur et un théoricien de la guerre sera passé « si près [3] » de la catastrophe.

---

1. Voir *supra*, p. XXIII.
2. Voir *infra*, p. 13.
3. L'expression est de McNamara, dans le film documentaire *The Fog of War*, réalisé par Errol Morris en 2003 (sur une musique de Philip Glass), où l'ancien secrétaire d'État à la Défense revient sur ses responsabilités de 1962 à 1967, moment où la stratégie américaine est très influencée par la lecture de Clausewitz (d'où le titre du film) et où le conflit de la guerre froide a été « tout proche », dit-il, de vraiment monter aux extrêmes. On doit sur ce point citer l'un des critiques les plus connus de Clausewitz, sir Basil Henry Liddell Hart, qui fit certes injustement porter à l'auteur de *De la guerre* la responsabilité de la « guerre à outrance » de Verdun (voir *supra*, note 2, p. II), mais qui

## ÉLOGE DU GÉNIE GUERRIER

Les trois définitions de la guerre que donne Clausewitz sont essentielles à l'intelligence de sa pensée. La première ouvre le chapitre I du livre I ; la troisième le clôt ; la deuxième (celle de la note de 1827) figure en avant-propos du livre dans la plupart de ses éditions, et fut sans doute écrite après la formulation de l'intuition portant sur la guerre absolue. Il est donc très logique qu'entre la première et la troisième définition – la guerre comme « duel » et la guerre comme « singulière trinité » –, dans ce survol de toutes les déterminations de la guerre réelle, de ses « incertitudes », de ses « dangers », de ses « frictions », que constitue le livre I, viennent se loger les notions fondamentales que nous n'avons pas détaillées ici et sur lesquelles Clausewitz ne va cesser de revenir dans les sept autres livres du traité : attaque et défense [1] (avec le primat de la défense sur l'attaque : c'est le défenseur qui *veut* vraiment la guerre, l'attaquant, lui, voulant la paix, ce qui le fragilise face à celui qui contre-attaque sur le « centre de gravité » de son envahisseur) ; stratégie et tactique [2] (la première encadrant la seconde à des fins dictées par la politique) ; hasard et calcul de probabilités [3] (qui apparentent la guerre à un jeu, dont le talent, la

---

comprit le danger qu'il y avait à privilégier à tout prix la stratégie directe (primat de la bataille décisive) sur la stratégie indirecte (primat des manœuvres ou des frappes préventives) : Clausewitz, écrit-il, « n'apporta aucune contribution nouvelle ou remarquable aux idées tactiques ou stratégiques. Il fut un penseur qui codifia, plutôt qu'un esprit créateur ou dynamique. [...] Mais en cherchant à formuler l'expérience des guerres napoléoniennes, il mit l'accent sur certains caractères rétrogrades, favorisant ainsi ce qu'on pourrait appeler une "révolution à rebours", conduisant à un art de la guerre tribal » (*Histoire mondiale de la stratégie*, trad. Lucien Poirier, Plon, 1962, p. 391 ; cité dans Benoît Durieux, *Clausewitz en France. Deux siècles de réflexion sur la guerre [1807-2007]*, Economica, 2008, p. 502).

1. Voir *infra*, p. 32-34, et Dossier, p. 138 *sq.*
2. Voir *infra*, note 3, p. 35.
3. Voir *infra*, p. 36.

« libre activité de l'âme », du chef de guerre détient la clé) ; buts et moyens de la guerre [1] ; mais aussi et surtout, dans le chapitre III du livre I, définition du « génie guerrier » [2], « obélisque central » de l'ensemble du livre I [3].

C'est à éduquer celui-ci que vise en effet tout le traité de Clausewitz. D'où l'importance de ce chapitre III du livre I, où l'on voit clairement apparaître le rôle des forces morales, plus décisives que les considérations tactiques. Le génie guerrier, fine fleur des peuples civilisés, doit faire preuve de courage, de résolution, de force physique et morale, de qualités intellectuelles, de coup d'œil et de présence d'esprit, et ce, dans un environnement dominé par le danger (qui est abordé en tant que tel dans le chapitre IV), l'incertitude, le hasard et l'effort physique (chapitre V). Face à la diversité de cet environnement, l'intelligence du stratège se caractérise à son tour par l'énergie, la fermeté, la constance et la force de caractère [4].

Certes, une armée est toujours en interaction avec celle de son adversaire. Mais le chef de guerre doit d'autant plus faire preuve de ces qualités éminentes précisément

---

1. Voir *infra*, p. 40.
2. Voir *infra*, p. 70 *sq.*
3. Le chapitre I du livre I définit « la nature de la guerre », tendue entre la guerre absolue et la guerre réelle ; le chapitre II décrit « le but et le moyen à la guerre » ; le chapitre III évoque « le génie guerrier » ; le chapitre IV, « le danger à la guerre » ; le chapitre V, « l'effort physique dans la guerre » ; le chapitre VI, les « renseignements à la guerre » ; le chapitre VII, « la friction dans la guerre » ; et le chapitre VIII donne des « observations finales pour le premier livre ». En tant que tel, le livre I, dont seul le premier chapitre était vraiment achevé aux yeux de son auteur, résume l'ensemble du traité. S'il converge en son cœur vers le « génie guerrier », il se termine, au chapitre VIII, par une évocation de ces généraux expérimentés qui peuvent servir d'experts en temps de paix, pour avoir été initiés au combat. De ce point de vue, *De la guerre* se présente comme un livre initiatique, puisque la dimension quasi religieuse de la violence n'en est jamais absente : la guerre a ses damnés (proches de l'animalité) comme elle a ses élus (les « génies guerriers »).
4. Voir *infra*, p. 80.

décrites par Clausewitz, qu'il subit des résistances égales, sinon supérieures, venues de son propre camp :

> À mesure que les forces des individus s'épuisent, à mesure qu'ils ne sont plus soutenus et animés par leur propre volonté, toute l'inertie de la masse commence à peser sur la volonté du chef. C'est au feu qui brûle dans son sein, à la lumière de son intelligence, que la multitude doit raviver son ardeur, rallumer son espoir. Voilà de quoi le chef doit être capable ; sinon il ne domine pas la masse et n'en restera pas maître. Lorsque son influence cesse, lorsque son propre courage n'est plus assez fort pour ranimer celui de tous les autres, la masse elle-même l'attire à elle dans les régions inférieures de la nature animale, qui a le danger en horreur et ne connaît pas la honte. Voilà les pressions que le courage et la force d'âme du chef doivent vaincre dans le combat, s'il veut réaliser des succès signalés. Elles croissent avec les masses et, par conséquent, les forces du chef, pour rester proportionnées au fardeau, doivent croître proportionnellement avec son grade [1].

Passage impressionnant, qui décrit prophétiquement la force des « masses », et qui fait de la guerre un moyen de s'arracher à l'animalité, cette lâcheté consubstantielle aux fuyards. Nous touchons ici à la limite de l'éthique militaire de Clausewitz, grand écrivain prussien possédé par le modèle napoléonien. Son génie indéniable est comme effrité par une foi jamais reniée dans la fécondité de la violence. Si le grand combattant est capable de lever le brouillard de la guerre, il est aussi celui qui, réduisant d'une « volonté de fer » les frictions et les frottements, va accélérer la réciprocité violente et risquer l'escalade. Telle est l'ambivalence terrible de ce « point de référence » vers lequel tendent les guerres réelles. Ce point fascine et obsède le stratège, qui y voit, on le sent au fil des huit livres de son traité, la pierre d'angle de la refondation de la Prusse. Les dernières pages du livre I indiquent ainsi clairement que c'est à une régénération de la nation *par*

---

1. Voir *infra*, p. 82.

*la guerre* que Clausewitz voulait œuvrer. Une régénération qui mènera à sa ruine l'Allemagne unifiée dans sa réponse à Napoléon.

Benoît CHANTRE

# NOTE SUR LA TRADUCTION

Nous avons repris la première traduction en langue française du *Vom Kriege*. Elle est signée par le major d'artillerie belge Jean-Baptiste Neuens (Paris, J. Corréard, 1849-1851).

Elle a été revue et corrigée, notamment pour en asseoir la rigueur conceptuelle. *Friktion* a ainsi systématiquement été rendu par « friction », *Begrieff* par « concept », *Entscheidung* par « décision », *Entschließung* par « résolution », *Natur* par « nature », *Wesen* par « essence », *Gewalt* par « violence », ou encore *Wechselwirkung* par « action réciproque ».

B. C. et L. G.

# De la guerre

## Livre I
## De la nature de la guerre

# Chapitre I

# QU'EST-CE QUE LA GUERRE ?

## 1. Introduction

Nous nous proposons d'examiner d'abord les divers *éléments* de notre sujet, ensuite les *diverses parties* ou *membres*, et enfin le *tout* dans son ensemble. Nous procéderons par conséquent du simple au composé.

Toutefois, il est nécessaire ici de commencer par un coup d'œil sur l'ensemble, parce que la nature du sujet exige que tout en considérant les détails, on n'en perde jamais de vue la corrélation générale [1].

## 2. Définition

Nous n'essaierons pas de donner de la guerre une définition de publiciste [2]. Nous nous fixerons au moyen

---

1. Clausewitz procède de façon analytique : il va du simple vers le complexe, des parties vers le tout. Mais c'est du tout (*das Wesen des Ganzen*) qu'il part pour dégager les parties. Ce cercle vicieux est inévitable : pour parler de la guerre, il faut partir d'une définition, sauf que Clausewitz ne part ni d'une définition nominale de la guerre (définition verbale) ni d'une définition réelle (ce que la guerre est en fait), mais d'une schématisation de la guerre, réduite à un invariant, en faisant abstraction de tout détail et de tout contexte.

2. Un publiciste est ici un spécialiste du droit public. Traditionnellement la guerre relève du *droit des gens*, c'est-à-dire du droit international. Guerre et droit ne s'opposent pas : les publicistes distinguaient le droit de faire la guerre (*jus ad bellum*) et le droit dans la guerre (*jus in*

de son élément, le combat singulier : le duel [1]. La guerre n'est qu'un duel sur une grande échelle. La multitude de duels particuliers dont elle se compose, considérée comme un tout, peut se représenter par l'acte de deux lutteurs [2]. Chacun de ceux-ci veut, au moyen de la force physique, contraindre son adversaire à accomplir sa volonté. Son but *immédiat* [3] est de *terrasser* l'adversaire, et de le rendre par là incapable de continuer la résistance.

D'après cela, *la guerre est un acte de violence ayant pour but de contraindre un adversaire à accomplir notre volonté.*

---

*bello*), à savoir l'ensemble de ce qui était licite ou illicite dans les opérations de guerre (conduites à l'égard de l'ennemi, traitement des prisonniers, etc.).

1. Le concept de duel rend compte de la guerre comme tout et de ses différents épisodes : c'est le noyau de la guerre, abstraction faite de tout ce qui n'est pas elle. Historiquement, le duel est soit une forme archaïque de justice, soit une résistance à la justice royale. Dans les États modernes, la justice s'est formée en marginalisant le duel, considéré par les autorités religieuses et politiques comme un code de l'honneur immoral et illégal (voir Jean-Marie Carbasse, *Histoire du droit pénal et de la justice criminelle*, PUF, 2006, p. 191). Pendant longtemps, la forme principale de guerre en Occident était la *faide*, un conflit fondé sur des alliances entre acteurs privés, et c'est aux XIIIe et XIVe siècles que la guerre commence à devenir une affaire publique relevant du roi. L'originalité de Clausewitz est de remplacer la définition de la *cause* de la guerre (cause juste ou cause injuste) par celle de l'*action réciproque* (*Wechselwirkung*) découlant de la guerre comme relation entre deux adversaires. Définir la guerre par une *cause juste ou injuste*, c'est adopter un point de vue transcendant, extérieur à la guerre, supposer un arbitre distinct des belligérants. Au contraire, définir la guerre par les actions réciproques, c'est *partir de la relation duelle comme telle*, de l'immanence totale de la relation ou de la relation prise comme un tout.

2. Ces deux lutteurs pourront être par la suite des États : l'avantage de cette schématisation permet de traiter des grandeurs complexes (l'État, l'armée, etc.) comme si elles étaient simples.

3. Le « but immédiat » est le but poursuivi par chacun dans la guerre définie comme duel : c'est un « objectif », par opposition à la « fin » (imposer notre volonté à l'ennemi) que Clausewitz définira comme étant de nature politique au paragraphe 11. Aucun conflit n'éclate sans cause et sans une intention politique plus ou moins explicite, mais l'analyse du concept de guerre requiert d'en faire abstraction (voir note 1, p. 25).

La violence s'arme des inventions des arts et des sciences pour combattre la violence. Elle est accompagnée de quelques restrictions insignifiantes, méritant à peine d'être mentionnées, et qui se sont établies spontanément sous la désignation de *droit des gens*[1]. Elles ne sont pas de nature à en affaiblir essentiellement l'énergie. La violence, c'est-à-dire la violence physique (car, en dehors du concept d'État et de loi, il n'en existe pas de morale), constitue donc le *moyen* ; la *fin* est d'imposer notre volonté à l'ennemi. Pour atteindre cet objectif avec certitude, nous devons rendre l'ennemi incapable de se défendre ; c'est là, selon son concept, l'objectif véritable de l'action militaire. Il remplace la fin et l'écarte comme n'appartenant pas à la guerre proprement dite.

## 3. Emploi absolu de la violence

Des esprits philanthropiques pourraient concevoir l'existence de quelque méthode artificielle pour désarmer ou terrasser un adversaire sans lui infliger trop de blessures[2], et voir dans cette idée la vraie tendance de la

---

1. Au XVIIIᵉ siècle, l'humanitarisme des philosophes des Lumières et leur confiance dans la raison faisaient qu'on envisageait à long terme la disparition de la guerre. Selon les auteurs des différents projets de paix perpétuelle (abbé de Saint-Pierre, *Projet pour rendre la paix perpétuelle en Europe*, 1713 ; Kant, *Vers la paix perpétuelle*, 1795), cette paix résultera d'une coopération pacifique entre États où les relations juridiques et économiques remplaceront la guerre comme opération ruineuse pour les dépenses publiques et contraire à la raison. Clausewitz rejette le pacifisme des Lumières : si jamais il y a une limite à l'usage de la violence dans la guerre, elle ne vient pas du droit.

2. Dietrich von Bülow (1759-1808), théoricien prussien, auteur du *Nouveau Système de la guerre* (1799), considérait que les progrès techniques de l'armement et la stabilisation des États dans leurs frontières allaient progressivement établir la paix. D'après lui, dans les guerres modernes, la dépendance à l'égard du ravitaillement rendait les armées vulnérables, au point que sa désorganisation d'un côté assurait la victoire de l'autre sans qu'il ait besoin de livrer bataille, alors que, dans les guerres de l'Antiquité, le combat frontal décidait de l'issue de la guerre.

guerre. Quelque spécieuse qu'en soit l'apparence, il importe de détruire cette erreur ; car, dans une chose aussi dangereuse que l'est la guerre, ce sont précisément les erreurs résultant de la bonté d'âme qui sont les plus pernicieuses. L'emploi de la violence physique dans toute son étendue n'exclut aucunement la coopération de l'intelligence [1]. Il en résulte que celui qui emploie cette violence avec brutalité, sans épargner le sang, acquiert la prépondérance sur un adversaire qui n'en agit pas de même, et lui dicte la loi. Les deux principes d'action opposés doivent donc croître jusqu'à l'absolu et n'être limités dans leurs effets que par les contrepoids qui leur sont inhérents [2].

C'est ainsi que la chose doit être considérée, et c'est s'agiter en vain et même à contresens que de méconnaître la nature de l'élément à cause de la répulsion qu'inspire sa rudesse.

Si les guerres des nations civilisées sont beaucoup moins cruelles et moins destructives que celles des sauvages, cela tient à l'influence tant interne qu'internationale de l'état social [3]. La guerre naît de cette situation

1. En soulignant l'union de la violence et de l'intelligence, Clausewitz évite deux extrêmes : le rejet de la guerre au nom de l'incompatibilité de l'emploi de la force physique avec la raison (le pacifisme des Lumières) et l'idée selon laquelle la force physique serait norme du droit, sous la forme du droit du plus fort, droit paradoxal puisque de nature relative et instable, ainsi que l'avait fait remarquer Rousseau au chapitre III du livre I du *Contrat social* (1762). Entre l'idéalisme juridique des Lumières et le cynisme, Clausewitz trace la voie d'un *réalisme* lucide.
2. Clausewitz emploie des concepts (résistance, frottements, centre) qu'il tire des parties de la mécanique (statique et dynamique) pour penser le rapport entre belligérants : il pense d'abord la guerre en stratège et en technicien, avant de passer par des catégories morales et juridiques.
3. En Occident, les théologiens chrétiens, les philosophes, les juristes, les hommes d'État, les diplomates, les militaires eux-mêmes ont contribué à atténuer l'usage de la force tout en justifiant son emploi. Comme Clausewitz s'intéresse à la guerre, il ne va pas parler de la négation de la guerre, il se contente de renvoyer au contexte intellectuel et historique dans lequel se déroule la guerre.

et de ces rapports ; par conséquent ils la qualifient, la restreignent, la modèrent. Mais ces modifications ne sont pas inhérentes à la guerre ; elles ne constituent que des données particulières, et jamais on ne pourra introduire un principe modérateur dans la philosophie même de la guerre sans commettre une absurdité.

La lutte entre les hommes repose au fond sur deux éléments différents, qui sont : le *sentiment hostile* et l'*intention hostile*. Dans notre définition de la guerre, nous avons pris le second pour base parce qu'il est plus général. En effet, on ne peut pas se représenter la haine même la plus sauvage, celle approchant de l'instinct, en la séparant de l'idée d'une intention hostile ; tandis qu'il existe souvent des intentions hostiles, qui ne sont pas accompagnées ou du moins principalement engendrées par un sentiment hostile. Chez les nations non civilisées, ce sont les desseins basés sur les sentiments ; chez les nations civilisées, ce sont au contraire les desseins basés sur l'intention qui prédominent [1]. Cependant, cette différence ne résulte pas de la nature intime de la civilisation,

---

1. La lutte entre les hommes est fondée sur une « intention hostile » qui peut être décuplée par un « sentiment hostile », c'est-à-dire par la réaction d'une collectivité. L'hostilité, la tendance à considérer l'autre comme un ennemi et à adopter des mesures de violence à son égard, est un fait universel, tout comme est universelle la guerre. Clausewitz ne juge pas nécessaire de fonder cette hostilité sur une anthropologie spécifique des passions, comme le fait Hobbes dans *Le Citoyen* (chap. I, « La liberté », trad. Samuel Sorbière, GF-Flammarion, 1982) : les causes du conflit interhumain sont la « crainte mutuelle » (p. 93), la « discorde » dans les opinions (p. 95) et la rivalité dans la possession des biens à l'état de nature (p. 96). Bien plus, Hobbes infère de l'égalité des forces et des facultés de tous les hommes à l'état de nature la nécessité de conclure la paix pour mettre fin à une situation de violence endémique (p. 100), alors que pour Clausewitz l'égalité des deux belligérants n'aboutit pas à une atténuation de la violence mais renforce celle-ci. Clausewitz neutralise la différence qui pouvait atténuer cette hostilité en refusant d'idéaliser les « nations non civilisées » (le mythe du bon sauvage au XVIIIᵉ siècle rappelé par Tzvetan Todorov dans *Nous et les autres*, 4. « L'exotique, Le bon sauvage », Seuil, 1989) ou les « nations civilisées » : l'actualisation de l'intention hostile est complètement indépendante du degré de civilisation et dépend du contexte

mais bien des circonstances qui l'accompagnent, des institutions, etc. Cette différence n'existe donc pas nécessairement dans tous les cas, mais elle s'étend au plus grand nombre d'entre eux. En un mot, les passions hostiles les plus violentes peuvent s'allumer entre les peuples les plus civilisés [1].

On voit par là combien on s'écarterait du vrai, si l'on voulait rapporter la guerre entre les peuples civilisés à un simple acte raisonné des gouvernements, en se la figurant de plus en plus indépendante de toute passion, de façon que la coopération physique des masses combattantes finirait par disparaître pour être remplacée par leurs rapports, ce qui changerait la guerre en une espèce de transaction algébrique [2].

La théorie commençait déjà à se mouvoir dans cette direction, lorsque les phénomènes des dernières guerres rectifièrent les idées. La guerre, étant un acte de violence, se rapporte nécessairement au sentiment ; si elle n'y a pas

---

particulier de ceux qui se font la guerre. Cette neutralisation n'est pas sans conséquence : la violence des conflits dépendra alors de la combinaison entre l'intention et le sentiment hostile dans des circonstances précises et non plus d'une plus ou moins grande proximité par rapport à l'idéal humanitaire des Lumières.

1. On peut songer, par exemple, à la haine des Prussiens pour Napoléon et la France de 1813 à 1815.

2. Ce sont les guerres de libération contre Napoléon qui ont montré que les guerres modernes sont des guerres de masse et non plus de mercenaires, qu'elles ne se réduisent pas à des calculs de cabinets, faits par des hommes politiques ou des diplomates, ce que Clausewitz appelle avec mépris « une espèce de transaction algébrique » qui ferait de la guerre un déplacement de troupes manœuvrant face à d'autres troupes. Voltaire décrit ainsi ce qu'est une guerre de cabinet : « À l'égard des généraux qu'il [le roi Louis XIV] employait, ils étaient souvent gênés par des ordres précis, comme des ambassadeurs qui ne devaient pas s'écarter de leurs instructions. Il dirigeait avec Chamillart, dans le cabinet de Mme de Maintenon, les opérations de la campagne. Si le général voulait faire quelque grande entreprise, il fallait souvent qu'il en demandât la permission par un courrier qui trouvait, à son retour, ou l'occasion manquée, ou le général battu » (*Le Siècle de Louis XIV* [1752], chap. XVIII, dans *Œuvres historiques*, éd. René Pomeau, Gallimard, « Bibliothèque de la Pléiade », 1957, p. 812).

pris son origine, elle y ramènera pourtant toujours plus ou moins, et ce plus ou moins ne dépendra pas du degré de civilisation, mais de la grandeur et de la durée des intérêts hostiles.

D'après cela, si les peuples civilisés ne tuent pas leurs prisonniers, ne détruisent pas les villes et les villages, cela provient de ce que l'intelligence a plus de part à la conduite de la guerre. Cette intelligence leur a révélé un emploi plus efficace de la violence que celui qui ne consisterait que dans les manifestations brutales de l'instinct.

L'invention de la poudre, le perfectionnement incessant des armes à feu font voir suffisamment que cette tendance vers la destruction de l'adversaire, tendance qui est contenue dans l'idéal de la guerre, n'a, dans le fait, nullement été altérée, n'a pas été déviée, par les progrès de la civilisation [1].

Nous répéterons donc notre proposition : la guerre est un acte de violence à l'emploi de laquelle il n'existe pas de limites ; les belligérants s'imposent mutuellement la loi ; il en résulte une action réciproque qui, selon son concept, doit conduire aux extrêmes.

Voici donc la *première action réciproque* et le *premier extrême* auxquels nous conduit l'analyse.

(Première action réciproque.)

---

1. Dans le *Discours sur les sciences et les arts* (1750), Rousseau met en rapport le déclin des « vertus militaires » et le progrès des sciences et des arts : « Tandis que les commodités de la vie se multiplient, que les arts se perfectionnent et que le luxe s'étend, le vrai courage s'énerve, les vertus militaires s'évanouissent, et c'est encore l'ouvrage de sciences et de tous ces arts qui s'exercent dans l'ombre du cabinet. [...] Les Romains ont avoué que la vertu militaire s'était éteinte parmi eux à mesure qu'ils avaient commencé à se connaître en tableaux, en gravures, en vases d'orfèvrerie, et à cultiver les beaux-arts » (éd. Jacques Roger, GF-Flammarion, 1992, p. 46-47). Clausewitz souligne qu'il n'y a pas de relation entre la guerre et les progrès de la civilisation et, contrairement à Rousseau, il indique que l'amélioration technique des armements rend la guerre de plus en plus destructrice. Si, malgré cela, la guerre n'est pas un déchaînement de violence illimitée, c'est parce que l'intelligence intervient.

## 4. *L'objectif est de rendre l'ennemi incapable de combattre*

Nous avons dit que le but de l'acte militaire était de mettre l'ennemi *hors d'état de combattre*, et nous allons faire voir que cela est nécessaire, du moins théoriquement[1]. Pour que l'adversaire soit contraint d'accéder à notre volonté, nous devons pouvoir le placer dans une situation dont le désavantage soit supérieur au sacrifice que nous exigeons de lui. Il va sans dire que le désavantage en question ne doit pas être ou du moins paraître passager ; car, dans ce cas, l'adversaire attendrait et ne céderait pas. De plus, chaque modification, amenée dans cette situation par la continuation des hostilités, *doit tendre à l'empirer* ; du moins suivant les prévisions. La position la plus désavantageuse dans laquelle un État belligérant puisse être conduit correspond à l'incapacité complète de combattre. Si donc l'adversaire doit être, au moyen de l'acte de la guerre, contraint d'accomplir notre volonté, nous devons le mettre ou réellement hors de combat, ou dans une situation telle que, suivant la probabilité, il soit menacé de ce résultat. Il suit de là que toujours l'acte de la guerre doit tendre vers l'objectif de désarmer ou de renverser l'adversaire.

Mais la guerre ne suppose pas le travail d'une force active contre une masse inerte[2], vu qu'une attitude absolument

---

1. Nous sommes toujours dans le cas de l'analyse de la guerre absolue où le seul but consiste à exterminer l'adversaire.

2. L'ennemi réagit, il n'est pas une « masse inerte » sur laquelle on pourrait agir à l'envi. On retrouve ici l'influence de Kant qui, dans la *Critique de la raison pure* (1781), fait de la relation physique entre action et réaction une catégorie de l'entendement : l'*action réciproque*. Pour Kant une catégorie est un concept indépendant de l'expérience qui permet de mettre en ordre, d'unifier les phénomènes donnés dans l'expérience. Toutes les analyses de Clausewitz supposent à des degrés divers la mise en ordre des phénomènes de la guerre par ce concept d'action réciproque. On sait que, lors de sa formation à l'Académie militaire de Berlin, Clausewitz suivit les cours de Johann Kiesewetter (1766-1819), vulgarisateur de la philoso-

passive est incompatible avec l'idée de guerre. Elle consiste donc nécessairement dans le choc de deux forces contraires, et ce que nous avons dit du but final de l'acte s'applique aux deux antagonistes. Voici donc une nouvelle action réciproque. Tant que nous n'avons pas terrassé l'adversaire, nous devons craindre d'être terrassés nous-mêmes : nous ne sommes donc plus maîtres de nous, l'adversaire nous impose des lois comme nous lui en imposons. *Deuxième action réciproque, conduisant à un deuxième extrême.*

(Deuxième action réciproque.)

## 5. *Poussée extrême des forces*

Si nous voulons terrasser l'adversaire, nous devons proportionner notre effort à sa résistance. Cette résistance s'exprime par un produit dont les facteurs ne peuvent se séparer, savoir : *la grandeur des moyens disponibles* et *la force de la volonté*.

La grandeur des moyens disponibles pourrait être déterminée, parce qu'elle repose (je ne parle pas dans un sens complètement absolu) sur des nombres ; mais la force de la volonté est beaucoup moins déterminée : on peut tout au plus la conjecturer d'après la puissance du motif. En admettant que nous parvenions par cette voie à une estimation quelque peu vraisemblable de la grandeur de la résistance de l'adversaire, nous pouvons la prendre pour mesure de notre effort. Nous pouvons faire celui-ci assez grand pour que la prépondérance lui soit assurée, ou si nos moyens sont insuffisants pour cela, nous pouvons du moins lui donner toute la grandeur possible. Mais l'adversaire fera la même chose. Ainsi, nouvelle enchère réciproque qui doit, rationnellement, tendre encore une fois aux extrêmes. C'est la *troisième*

---

phie kantienne, ce qui ne veut pas dire qu'il ait lu à titre personnel les œuvres maîtresses de Kant.

*action réciproque* et le *troisième extrême* que nous rencontrons [1].

(Troisième action réciproque.)

## 6. *Modifications dans la réalité*

Dans le domaine abstrait du pur concept, le raisonnement ne peut donc s'arrêter, dans cette matière, qu'en

---

1. La définition de la guerre comme acte de violence sans limites a permis de déduire le schéma des relations possibles entre belligérants :

1° Une « action réciproque qui, selon son concept, doit conduire aux extrêmes » : comme aucune limite ne vient d'une instance externe, la seule limite ne peut venir que du rapport entre belligérants, c'est une limite indéfiniment repoussée où chacun teste la limite de l'autre, jusqu'où il est prêt à aller, ce qu'il est prêt à sacrifier. Cette limite sans limites est la montée aux extrêmes, une surenchère qui est inscrite au cœur même de la guerre saisie dans son concept (§ 3).

2° Comme chacun des deux adversaires cherche activement à rendre l'autre incapable de combattre, chacun des deux belligérants est menacé tant qu'il n'est pas vaincu. Il n'y a pas de troisième possibilité comme la négociation ou la solution diplomatique : la surenchère évoquée au paragraphe précédent aboutit à penser une prolongation illimitée sans conditions tant que l'ennemi n'est pas réduit à l'impuissance (§ 4).

3° Par l'application des catégories mécaniques à l'acte militaire pour terrasser l'adversaire, il faut surmonter sa résistance : formellement « la grandeur des moyens disponibles » et « la force de la volonté » sont les facteurs dont la combinaison donne la formule idéale permettant de surmonter la résistance de l'ennemi. Cette formule repose sur l'union de la quantité et de la qualité : les moyens utilisés (troupes, armes, etc.) sont *a priori* quantifiables, on peut les compter, les énumérer, mais « la force de la volonté » n'est pas une force physique, elle entre dans un calcul mais n'est pas elle-même l'objet d'un calcul. Bien plus, elle n'est pas une donnée en soi : la force de la volonté, c'est-à-dire l'intensité de l'effort se portant à la destruction de l'ennemi, se tire de « la puissance du motif » qui a déclenché la guerre. La résistance de l'ennemi est fondée sur un effort auquel répond un contre-effort, l'effort de celui qui s'oppose à cette résistance et qui se trouve ainsi dans la même situation que son ennemi : chacun des deux tend à accroître son effort pour surmonter la résistance de l'autre (§ 5).

Dans chacun de ces cas, on est en présence d'une action réciproque (*Wechselwirkung*, voir note 2, p. 16).

arrivant aux extrêmes [1]. Cela vient de ce qu'il y a d'absolu dans l'hypothèse d'un conflit entre deux forces indéterminées, abandonnées à elles-mêmes et n'obéissant qu'à leurs lois intrinsèques. Ainsi, si nous voulions prendre, dans le pur concept de la guerre, un point de départ pour atteindre le but posé et pour déterminer les moyens à employer, nous rencontrerions constamment des actions réciproques et des extrêmes qui ne seraient qu'un jeu de la pensée, longeant le fil à peine visible de subtilités logiques. Ainsi donc, en se tenant à l'absolu et en tournant, d'un trait de plume, les obstacles pour maintenir avec une logique rigoureuse « que dans chaque cas on doit s'attendre à être conduit aux extrêmes », on arriverait à établir des lois purement spéculatives, dépourvues de toute valeur pratique.

En admettant même que la poussée des forces jusqu'aux extrêmes constituât quelque chose d'absolu et de réalisable, il faut convenir néanmoins que l'esprit humain se subordonnerait difficilement à ces rêveries de la déduction logique. Dans bien des cas, il y aurait un déploiement de forces superflues avec lequel se trouveraient en opposition d'autres principes de l'art de gouverner ; il

---

1. On a affaire ici à un tournant : le concept de la guerre comme montée aux extrêmes n'est pas une essence de la guerre ou un concept *a priori* d'où l'on pourrait déduire le déroulement de la guerre dans une sorte de canevas logique. Ce concept doit être confronté à la réalité, à ce qui existe effectivement (*die Wirklichkeit*), afin de comprendre pourquoi une telle surenchère de violence dans la relation antagoniste ne se produit pas *réellement*. Le recours aux conditions réelles ne signifie pas que l'analyse est mise en échec et qu'elle serait obligée de se rapporter à l'expérience, mais il fait partie de la construction du concept de la guerre : ce n'est ni un concept produit par l'entendement pur ni un concept obtenu par induction à partir des guerres réelles. L'entendement fournit le concept pur et l'expérience fournit les données : le concept permet de rendre compte de toutes les guerres et l'expérience permet de tempérer l'abstraction et le formalisme du concept. Quand le concept de guerre n'est pas corrigé par l'expérience, alors le concept devient tout aussi absolu que la guerre ; or, comme en réalité la guerre n'est pas absolue, le concept de la guerre doit être modifié.

devrait y avoir un effort de volonté hors de proportion avec la grandeur du but, et par conséquent impossible, la force de la volonté humaine ne prenant jamais naissance dans les arguties logiques.

Mais lorsque nous quittons l'abstraction pour considérer la réalité, tout change. Dans le premier cas, tout était régi par l'optimisme ; les deux adversaires devaient être supposés tendre vers la perfection, et l'atteindre même. Mais dans le second, en sera-t-il jamais ainsi ?

Évidemment cela ne serait qu'à trois conditions :

1. si la guerre était un acte isolé surgissant spontanément et subitement sans se rattacher à la vie politique préexistante ;

2. si elle se résumait en une seule décision, ou en plusieurs décisions simultanées ;

3. si elle pouvait renfermer en elle-même un résultat décisif, et ne subissait pas déjà une réaction par l'intermédiaire du calcul, dans lequel figure la situation politique qui doit succéder à la guerre.

## 7. *La guerre n'est jamais un acte isolé*

Quant à la première de ces trois conditions, il convient de remarquer qu'aucun des deux adversaires n'est pour l'autre une personne abstraite, même relativement à celui des deux facteurs de la résistance qui ne se compose pas des choses extérieures, c'est-à-dire à la volonté. Cette volonté n'est pas une donnée complètement indéterminée : par ce qu'elle manifeste aujourd'hui, elle fait conjecturer ce qu'elle sera demain. La guerre ne naît pas instantanément ; elle ne se prépare pas en un clin d'œil. Chacun peut donc déjà juger approximativement son adversaire d'après ce qu'il est, ce qu'il fait, non d'après ce que rigoureusement il devrait être et devrait faire. Or l'homme, à cause des imperfections de son organisation, reste toujours en deçà de la limite du mieux absolu. Ces restrictions, influant des deux côtés, concourent pour former un principe modérateur de la guerre [1].

## 8. *La guerre ne consiste pas en un seul coup sans durée*

La seconde condition nous amène aux considérations suivantes :

Si la guerre se résumait en une seule décision ou en une somme de décisions simultanées, il en résulterait naturellement que les préparatifs acquerraient une tendance vers l'extrême, vu qu'une omission ne pourrait jamais se réparer. C'est tout au plus alors si le monde des réalités nous fournirait, comme mesure de notre effort, l'étendue des préparatifs de l'ennemi ; le reste retomberait dans le domaine de l'abstraction. Mais si la décision se compose de plusieurs actes successifs, il est clair que les précédents peuvent servir de mesure à ceux qui doivent suivre. Ainsi, le monde réel se substitue encore ici à l'abstraction, et modère les tendances extrêmes.

Cependant, chaque guerre se concentrerait nécessairement en une décision unique, ou en une somme de décisions simultanées, si tous les moyens de combat étaient ou pouvaient être mis en action en une fois ; car une issue *défavorable* diminue nécessairement les moyens, d'où il résulte que s'ils ont tous été mis en jeu, la réussite d'un second essai ne se conçoit plus logiquement. Tout acte militaire qui pourrait suivre ferait partie du premier, et on prolongerait seulement la durée.

---

1. À ce stade de l'analyse, la modération vient de la nature même de la relation entre belligérants et ne renvoie ni à des intentions morales (respecter l'humanité) ni à des intentions politiques (rendre possible des relations de coexistence pacifique avec l'ennemi une fois la guerre terminée). La manière dont se réalise la relation duelle dans les faits atténue les effets de cette relation qui pourrait aboutir à l'anéantissement réciproque des belligérants.

Mais nous avons vu que déjà, dans les préparatifs de la guerre, le monde réel se substitue au concept abstrait, et qu'une mesure réelle remplace une hypothèse extrême. Cela suffit donc pour que – à raison de l'influence mutuelle – les deux adversaires restent en dessous de l'extrême limite des efforts, et que par conséquent ils n'engagent pas toutes leurs forces simultanément.

De plus, la nature des forces et leur emploi impliquent l'*impossibilité* de leur mise en action simultanée. Les forces sont : les *combattants*, le *pays* avec sa surface et sa population, et les *alliés*[1].

Le pays avec sa surface et sa population, outre qu'il est la source de la force combattante, constitue encore par lui-même une partie intégrante des grandeurs efficientes à la guerre, en fournissant le théâtre de la guerre, ou en réagissant sensiblement sur ce théâtre.

Rien n'empêche de mettre toutes les forces mobiles simultanément en action ; mais il n'en est pas de même de toutes les places fortes, des cours d'eau, des montagnes, des habitants, etc. Bref, on ne peut mettre en même temps tout le pays en jeu, à moins qu'il ne soit assez petit pour être absorbé en entier dans le premier acte de la guerre. D'ailleurs la coopération des alliés est indépendante de la volonté des belligérants, et il est dans la nature des rapports politiques que cette coopération intervient ou grandit tardivement, pour rétablir l'équilibre détruit.

Cette portion des forces qui ne peut pas être mise en jeu immédiatement en constitue souvent une fraction bien plus considérable qu'on ne le pourrait croire au premier coup d'œil. Il en résulte que là même où la première

---

1. L'analyse rétablit tous les éléments dont elle avait fait abstraction : la relation duelle se produit dans un cadre déterminé, un pays avec une certaine étendue territoriale, des acteurs qui sont les « combattants », les « alliés » et la « population » qui n'a pas qu'un rôle passif, surtout si elle éprouve des sentiments hostiles à l'égard de l'ennemi. La relation duelle devient une relation plurielle, et ce contenu concret nous éloigne de la guerre comme montée aux extrêmes.

décision a été le plus fortement prononcée, ce qui suppose une grande perturbation dans l'équilibre des forces, cet équilibre peut néanmoins se rétablir ; cela sera développé plus amplement dans la suite : qu'il nous suffise de faire voir ici que la nature de la guerre n'admet pas une *concentration parfaite et instantanée des forces belligérantes*. Cette impossibilité ne suffit pas pour motiver à elle seule une restriction des efforts destinés à la première décision. En effet, un premier résultat défavorable constitue toujours un échec, auquel on ne s'exposera pas sciemment, et quoique la première décision ne doive pas être unique, elle réagit cependant sur les suivantes avec d'autant plus d'influence qu'elle a été plus marquée. Mais la possibilité seule d'une décision ultérieure suffit pour que l'esprit humain s'y réfugie dans sa répugnance pour un effort trop considérable. Les forces ne reçoivent donc pas pour la première décision la concentration et l'intensité que rendrait nécessaire une décision supposée unique. D'un autre côté, ce que chaque adversaire omet par faiblesse devient pour l'autre un motif *objectif* de réduction, et c'est par cette influence réciproque que les tendances extrêmes sont ramenées vers des efforts de grandeurs limitées [1].

## 9. *Le résultat de la guerre ne constitue rien d'absolu*

Enfin, la décision finale d'une guerre entière ne doit pas être toujours considérée comme absolue. L'État vaincu n'y voit souvent qu'un mal transitoire auquel les rapports politiques de l'avenir peuvent encore apporter un remède.

---

1. L'impossibilité d'un engagement total des forces se traduit par une limitation réciproque : limité lui-même par les contraintes évoquées par Clausewitz, chacun est responsable de l'autolimitation de l'autre, contrairement à l'idée naïve qui voudrait que la limitation de l'un entraîne une surréaction de l'autre qui profiterait par là de la faiblesse du premier.

On conçoit facilement combien *cette nouvelle restriction* doit réduire la tension et la grandeur des efforts.

## 10. *Les probabilités de la vie réelle se substituent à l'extrême et à l'absolu du concept*

Par ce qui précède, on voit donc que l'acte de la guerre est soustrait à la loi rigoureuse des forces poussées à l'extrême. Dès qu'on ne craint ni ne recherche l'absolu du concept [1], on abandonne au jugement la fixation des limites des efforts, et cela ne peut avoir lieu que sur des données tirées de la réalité et suivant les *lois de la probabilité* [2]. Les deux adversaires n'étant plus de purs concepts mais des États et des gouvernements réels [3], la guerre n'étant plus un idéal [4], mais l'action s'y enchaînant d'après

---

1. Par « l'absolu du concept », Clausewitz n'entend pas seulement le concept de guerre qu'il a construit pour la nécessité de ses analyses, mais aussi les tentatives visant à faire de l'art de la guerre une science de nature mathématique. Dans la première partie de son *Esprit du système de la guerre moderne* (1801), Dietrich von Bülow (voir note 2, p. 11) étudie les « lignes d'opération renfermées dans un triangle obtusangle ou dans un segment de cercle de 90° et plus » (section III) pour conclure ces analyses par le principe suivant : « Avant d'agir offensivement contre un objet déterminé, il faut être suffisamment basé pour que l'angle objectif formé par les deux lignes d'opération des extrémités ait au moins pour mesure le quart de la circonférence, de manière qu'on opère dans un triangle ou dans un segment de cercle de la même dimension » (trad. Léger Tranchant de Laverne, Institut de stratégie comparée, 2004, p. 34).

2. Normalement, les probabilités renvoient au *calcul* du nombre de chances qu'a un événement de se produire, mais ce qui intéresse Clausewitz, c'est la prise en compte du hasard qui échappe au calcul rationnel. Les lois de probabilité dont il parle sont irréductibles à des lois mathématiques, car il rejette à la fois la géométrisation du champ de bataille à la guerre et l'arithmétisation du hasard.

3. Finalement, on retrouve la définition classique de la guerre comme relation interétatique.

4. Comprendre : la guerre n'étant plus définie de façon abstraite.

une forme individuelle, il en résulte que la réalité présente livre les données pour prévoir l'inconnu à venir.

D'après le caractère, les dispositions, la situation, les rapports de l'adversaire, chacune des deux parties peut conjecturer, suivant les lois de la probabilité, ce que fera l'autre, et régler en conséquence ses propres opérations.

## 11. *C'est alors que la fin politique réapparaît*

Ici intervient de nouveau dans la question une considération que nous en avions provisoirement écartée, c'est-à-dire la *fin politique de la guerre*[1]. La loi de l'absolu, le dessein de mettre l'adversaire hors de combat, de le terrasser, a jusqu'ici presque absorbé cette fin. Dès que cette loi perd de sa force, que ce dessein diminue d'importance, la fin politique reprend son influence. Si toute la question devient un calcul des probabilités, portant sur des personnes et des rapports déterminés, il s'ensuit que la *fin politique* (qui est le *motif primitif*) devient un facteur très essentiel dans ce calcul[2]. Si le sacrifice que nous exigeons de notre adversaire est petit, nous devons croire que les efforts qu'il fera pour s'y soustraire ne seront pas grands. Or nos propres efforts se mesurent sur les siens. D'un autre côté, nous renoncerons aussi d'autant plus facilement à la poursuite d'une fin politique qu'elle aura pour

---

1. Clausewitz distingue l'objectif de la guerre (*Ziel*) et la fin politique (*Zweck*). Comme l'indique Raymond Aron, il s'agit pour Clausewitz de différencier les fins poursuivies *dans* la guerre (*Ziel*) et les fins *de* la guerre (*Zweck*) ; voir *Penser la guerre : Clausewitz*, t. I : *L'Âge européen*, Gallimard, 1976, « Bibliothèque des sciences humaines », note XVI, p. 406.

2. Le calcul des probabilités n'a rien de mathématique, car il porte sur des qualités irréductibles à des quantités abstraites et homogènes : « des personnes et des rapports déterminés », « la fin politique » sont des données inquantifiables, de même que les forces morales dont parlera plus tard Clausewitz (la psychologie, le moral des troupes) ; voir p. 81, note 1.

nous moins d'importance : de là *un nouveau motif de modération des efforts.*

Ainsi la *fin politique, motif primitif* de la guerre, sera la mesure, tant du résultat que doit produire l'acte de la guerre que des efforts que ce résultat exige. Cependant la fin politique n'est pas une telle mesure de façon absolue, mais, parce qu'elle se rapporte aux choses réelles et non à de purs concepts, elle est une mesure relative aux deux États antagonistes. Ainsi, une même fin politique peut provoquer des effets tout *différents* chez des nations différentes, ou chez la même nation à des époques différentes. La fin politique ne peut donc recevoir cette signification que lorsque nous la considérons dans *ses influences sur les masses qu'elle doit faire mouvoir,* d'où résulte que la nature de ces masses n'est pas indifférente [1]. Il est évident par là que le résultat peut différer totalement suivant que les masses renferment des principes qui en renforcent ou en affaiblissent l'action. Il peut exister entre deux nations ou États des tensions si énergiques, une telle somme d'éléments hostiles, qu'un motif politique très peu important par lui-même devient capable de provoquer des effets hors de proportion avec sa nature : une véritable explosion [2].

Cela s'applique à la grandeur des efforts que la fin politique doit produire dans les deux États, et à l'objectif qu'elle doit indiquer à l'action militaire. La fin politique

---

1. Pas plus que l'ennemi n'est une « masse inerte » (voir note 2, p. 16) les masses (les nations, les peuples) ne sont inertes : selon le degré d'hostilité collectivement ressenti cette fin politique peut avoir une plus ou moins grande efficacité si elle trouve dans les masses un accueil favorable. La catégorie d'action réciproque ne vaut pas seulement du rapport entre belligérants mais aussi de l'État belligérant et la nation, plus tard entre le général et son armée (voir *infra*, p. 81-82).

2. L'image de l'explosion illustre bien ce qui échappe au calcul : dans le cas d'une très grande tension il y a disproportion entre la cause (un événement insignifiant) et l'effet produit (le déclenchement d'une guerre), ce qui souligne l'hétérogénéité de la guerre par rapport au domaine du calculable sans qu'elle soit toutefois une activité irrationnelle puisque l'intelligence doit canaliser l'usage de la force physique.

peut parfois devenir cet objectif [1], par exemple lorsqu'il s'agit de la conquête d'une province déterminée ; d'autres fois la fin politique ne permet pas de donner un objectif à l'action militaire. Dans ce cas on doit en prendre un qui soit son équivalent et qui puisse la remplacer lors des négociations de paix. Mais ici encore on ne doit pas perdre de vue les individualités des États belligérants : il y a telles situations, où l'équivalent a besoin d'être beaucoup plus grand que la fin politique elle-même, pour que celui-ci puisse être atteint. La fin politique aura par elle-même, comme mesure des efforts, une influence d'autant plus décisive que les masses seront plus indifférentes, que les tensions hostiles, indépendantes de ce but, et qui existent entre les deux États ou naissent de leurs relations, seront plus faibles. Il y a des cas où l'influence de la fin politique est presque exclusive.

Or, lorsque l'objectif de la guerre est un équivalent destiné à remplacer la fin politique, il s'amoindrira en général avec ce dernier, et cela d'autant plus que celle-ci prédominera davantage. Cela explique pourquoi il peut exister, sans impliquer contradiction, des guerres de tous les degrés d'importance et d'énergie, depuis la guerre d'extermination jusqu'à la simple observation armée. Mais cela nous conduit à une question d'une autre espèce, qu'il nous reste à développer et à résoudre.

## 12. Une suspension dans l'acte de la guerre ne s'explique pas encore par ce qui précède

Quelque insignifiantes que soient les prétentions politiques des deux adversaires, quelque faibles que soient

---

1. La dualité de l'objectif militaire et de la fin politique est le procédé opératoire pour analyser les guerres réelles qui remplace la logique abstraite de la montée aux extrêmes. *La* guerre n'existe pas, il n'y a que *des* guerres, où ces deux éléments sont à chaque fois dans des rapports différents : séparation, identification de l'objectif et de la fin politique, ou prédominance de la fin politique.

leurs moyens, quelque mince que soit leur objectif militaire, l'acte de la guerre peut-il jamais être interrompu ?
Cette question pénètre profondément dans la nature du
sujet [1].

Toute action demande pour s'accomplir un certain
temps que nous appelons durée. Cette durée est plus ou
moins grande, suivant que celui qui agit le fait avec moins
ou plus de hâte.

Nous ne nous occuperons pas ici du plus ou du moins ;
chacun fait les choses à sa manière. Cependant, celui qui
opère lentement n'agit pas ainsi afin d'employer plus de
temps, mais en raison de ce que, par suite de sa manière
d'être, il a besoin de plus de temps, et qu'il ferait moins
bien s'il se hâtait davantage. Ce temps dépend donc de
causes internes et appartient à la *durée* proprement dite
de l'action.

Or, si à la guerre nous laissons à chaque opération
cette durée, nous devons pourtant, au premier coup d'œil
du moins, penser que toute perte de temps en dehors de
cette durée, ou, autrement dit, que la suspension de l'acte
de la guerre est absurde [2]. Ne perdons pas de vue qu'il
ne s'agit pas des progrès de l'un ou de l'autre des deux
adversaires, mais de ceux de tout l'acte de la guerre.

---

1. Ce qui intéresse Clausewitz, ce n'est pas l'arrêt d'une guerre
(armistice, traité de paix) mais l'arrêt provisoire des hostilités *pendant*
la guerre. On parle bien de la guerre de Cent Ans (1337-1453) ou de la
guerre de Trente Ans (1618-1648). Ces deux guerres ont bien connu des
interruptions, des suspensions. Le temps intervient dans la guerre
puisque la guerre est une série d'opérations qui durent. S'il n'y a pas
de suspension dans la guerre, alors elle risque de devenir interminable
et de favoriser une montée aux extrêmes (voir *infra*, § 14-15).
2. Dès 1818, Clausewitz avait étudié ce paradoxe dans « Über das
Fortschreiten und den Stillstand der kriegerischen Begebenheiten »,
*Zeitschrift für preussische Geschichte und Landeskunde*, n° 15, 1878,
p. 233-264. Comment expliquer que la suspension des hostilités appartienne à la guerre qui normalement devrait être un usage maximal de
violence contre son ennemi ? Une telle suspension devrait être dans ce
cas « absurde » en éloignant l'accomplissement du but de la guerre :
terrasser l'adversaire.

## 13. *Il n'existe qu'un motif pouvant suspendre l'action, et ce motif paraît ne pouvoir jamais exister que chez l'un des adversaires*

Si les deux parties se sont armées pour la lutte, il faut qu'un principe hostile les y ait déterminées. Tant qu'elles restent armées, c'est-à-dire tant qu'elles ne font pas la paix, ce principe continue d'exister, et par conséquent la suspension ne peut reposer chez aucune des deux que sur un seul motif, savoir : *de vouloir attendre un instant plus favorable pour agir* ; au premier coup d'œil, il semble que ce motif ne puisse jamais exister que d'un côté, puisqu'il suppose *eo ipso* le motif inverse chez l'adversaire : si l'intérêt de l'un est d'agir, celui de l'autre doit être de temporiser.

Une égalité parfaite des forces ne peut pas justifier la suspension, car dans ce cas celui des belligérants dont le but est positif (l'agresseur) devrait continuer les opérations.

Mais si l'on se figure l'équilibre des forces tel que celui des adversaires dont le but est positif [1], et par conséquent le motif le plus puissant, dispose de forces inférieures, de sorte que l'égalité résulte du produit de la force par le motif, il faut admettre, aucun changement n'étant prévu dans cet équilibre, que les deux adversaires feront la paix ; si au contraire un changement est prévu, comme il ne peut être favorable qu'à l'un, l'autre devrait y voir un motif d'agir sans délai. Nous voyons, d'après cela, que le concept de l'équilibre ne peut pas servir à expliquer la suspension, et ramène à l'attente de l'instant favorable. Supposons donc que, de deux États, l'un ait une fin positive – la conquête d'une province –, qu'il destine à faire

---

1. Par but positif, il faut entendre l'offensive, l'attaque ; à ce but positif s'oppose le but négatif, la défensive. Mais comme le montre la suite du livre I, le positif peut devenir négatif au sens habituel et le négatif devenir positif. En effet, Clausewitz considère que la défensive est souvent le meilleur moyen d'affaiblir l'adversaire avant de passer à l'offensive (voir *infra*, § 17).

valoir dans la négociation de la paix ; après cette conquête, sa fin politique réalisée, il n'éprouve plus le besoin d'agir, et chez lui le repos commence. Si l'adversaire se contente de ce résultat, il doit faire la paix, sinon il doit agir. Maintenant, on peut supposer que dans quatre semaines, par exemple, il sera mieux organisé : il a donc un motif suffisant pour différer d'agir.

Mais, dès ce moment, *il semble* que l'obligation logique d'agir incombe à l'adversaire, pour ne pas laisser au vaincu le temps de se préparer à l'action. Il va sans dire que dans tout ce raisonnement, nous supposons une connaissance parfaite des faits de part et d'autre [1].

## 14. Il résulterait de là une continuité dans l'action militaire dont l'effet serait une nouvelle poussée vers l'extrême

Si cette continuité existait réellement dans l'acte militaire, elle pousserait tout à l'extrême. En effet, sans compter qu'une activité non interrompue exciterait davantage les passions et communiquerait au tout un caractère plus violent, une force élémentaire plus grande, il résulterait encore de la continuité d'action une conséquence plus absolue, un enchaînement plus serré de cause et d'effet ; chaque action individuelle acquerrait plus d'importance et deviendrait par conséquent plus dangereuse.

Mais nous savons que l'action militaire a rarement ou jamais cette continuité, et qu'il y a nombre de guerres dans lesquelles le temps employé à l'action forme la partie de beaucoup la plus petite, l'inaction ayant absorbé tout le reste [2]. Il est impossible que cela ait

1. On raisonne dans l'abstrait, car en réalité Clausewitz ne cesse de rappeler qu'il n'y a jamais connaissance parfaite de la situation de son adversaire (voir *infra*, p. 35, note 1).
2. Dans le chapitre XVI du livre III (« De la stratégie en général »), Clausewitz montre que l'histoire militaire confirme *a posteriori* que la guerre ne se mène pas de façon continue : « Si nous jetons un regard sur l'histoire de la guerre en général, nous trouvons tellement

toujours été une anomalie, et il faut que la suspension de l'acte militaire soit possible, c'est-à-dire qu'elle ne soit pas en soi une contradiction[1]. Nous allons faire voir maintenant qu'elle est possible, et pourquoi cela est.

## 15. *On emploie ici le principe de polarité*

En nous représentant toujours l'intérêt de l'un des deux chefs opposé directement à un intérêt égal chez l'autre, nous avons admis une vraie *polarité*[2]. Nous nous

---

l'opposé d'une marche non interrompue jusqu'au but que l'*immobilité* et l'*inaction* forment au contraire visiblement l'état normal au milieu de la guerre, tandis que l'*action* n'est que l'*exception* » (*De la guerre*, trad. Jean-Baptiste Neuens, éd. Grégoire Chamayou, Flammarion, « Les livres qui ont changé le monde », 2010, p. 165).

1. Non seulement cette suspension est possible, mais elle fait partie de la « loi dynamique de la guerre » : « Nous avons vu, au chapitre XVI de ce livre, que dans la plupart des campagnes, la suspension et le repos absorbent beaucoup plus de temps que l'action. Quoique dans les guerres modernes, ainsi que nous l'avons remarqué, nous apercevions un tout autre caractère, il est certain, néanmoins, que l'action proprement dite y est toujours interrompue par des pauses plus ou moins longues […]. Lorsqu'une suspension a lieu dans l'acte de la guerre, c'est-à-dire lorsque aucun des deux adversaires ne veut quelque chose de positif, il y a repos, et par conséquent équilibre. Mais c'est l'équilibre dans son sens le plus étendu, comprenant non seulement les forces morales et physiques des armées opposées, mais tous les motifs et tous les intérêts adverses. Aussitôt que l'une des parties belligérantes se propose encore un but positif et se met en devoir d'agir à cet effet, ne fût-ce que par des préparatifs, et dès que l'autre s'y oppose, il naît une tension des forces. Cette tension dure jusqu'à ce que la décision ait eu lieu, c'est-à-dire jusqu'à ce que l'un ait renoncé à son but ou que l'autre l'ait concédé. Après cette solution qui est toujours fondée sur les effets des combinaisons réciproques de combat vient un mouvement dans l'un ou dans l'autre sens. Ce mouvement étant épuisé, soit par les obstacles, soit par le frottement intrinsèque, soit par des résistances nouvelles qui sont intervenues, il se manifeste un nouveau repos ou une nouvelle tension avec la solution correspondante ; puis le mouvement recommence, le plus souvent en sens inverse » (*De la guerre*, livre III, chap. XVIII, *op. cit.*, p. 170-171).

2. La polarité (*Polarität*) est un principe ancien utilisé aussi bien dans les cosmogonies grecques (Héraclite, VIᵉ-Vᵉ av. J.-C.) que dans la philosophie romantique allemande du XIXᵉ siècle : la dualité entre

réservons de consacrer plus tard un chapitre spécial à ce principe [1] ; en attendant, nous en dirons ce qui suit :

Le principe de la polarité n'est applicable que lorsqu'on le rapporte à un même objet, où la grandeur positive et son opposée la négative se détruisent exactement [2]. Dans une bataille, chacune des deux parties veut vaincre ; il y a là une vraie polarité car la victoire de l'un détruit celle de l'autre. Mais lorsqu'il est question de deux choses différentes ayant en dehors un rapport commun, ce ne sont pas *ces deux choses* mais leurs rapports qui présentent cette polarité.

## 16. *L'attaque et la défense sont choses d'espèce différente, sont de force inégale, on ne peut donc pas leur appliquer la polarité*

S'il n'existait qu'une forme de la guerre, c'est-à-dire l'attaque de l'adversaire, et par conséquent pas de

---

termes opposés apparaît comme la forme par laquelle l'unité de l'Absolu se déploie dans le monde. Dans la philosophie romantique de la nature, on faisait par exemple de l'électricité et du magnétisme des formes de la polarité, par exemple chez Schelling (1775-1854) et tous ses disciples. Clausewitz utilise ce terme de façon neutre, sans arrière-plan métaphysique particulier : il ne cherche pas à dégager une loi de l'être.

1. Promesse non tenue en raison de l'inachèvement du livre.

2. Pour parler de polarité dans le rapport des belligérants, il faudrait que deux grandeurs identiques s'opposent, de sorte que l'une annule exactement l'autre, comme l'indique Kant dans son *Essai pour introduire en philosophie le concept de grandeur négative* (1763) : « Une *grandeur* est *négative* par rapport à une autre dans la mesure où elle ne peut lui être unie que par l'opposition, c'est-à-dire de telle manière que l'une supprime dans l'autre une grandeur qui lui est égale » (dans *Œuvres philosophiques I*, éd. sous la direction de Ferdinand Alquié, Gallimard, 1980, p. 269). Ainsi, si l'on prend un navire qui se dirige vers l'ouest et vers l'est, on dira qu'il suit deux trajets positifs, mais les distances parcourues s'annulent entièrement ou en partie s'il s'agit d'un même navire. Dans le cas de la guerre, il y a un rapport inégal qui rend impossible l'application de la polarité en raison de l'hétérogénéité des termes : des deux belligérants, l'un attaque et l'autre défend – il est impossible

défense, ou, en d'autres termes, si l'attaque ne différait de la défense que par le motif positif qui manque à celle-ci, tandis que le combat serait toujours des deux côtés exactement le même, alors il y aurait polarité, car dans ce combat tout succès de l'un serait un échec exactement égal pour l'autre.

Mais l'activité militaire se divise en deux formes, l'attaque et la défense, qui, ainsi que nous le ferons voir dans la suite [1], sont de force différente. La polarité s'applique donc au rapport commun de ces deux actes, c'est-à-dire au résultat, à la décision, mais non à l'attaque et à la défense en elles-mêmes. Si l'un des chefs d'armée désire retarder la décision, l'autre doit vouloir la hâter, mais cela sans changer la forme du combat. Si l'intérêt de A demande qu'il n'attaque son adversaire que dans quatre semaines, B est intéressé à *être attaqué*, non pas dans quatre semaines, mais sur-le-champ. C'est là une opposition immédiate. Tandis qu'il ne s'ensuit pas que l'intérêt de B exige qu'il *attaque* A immédiatement, ce qui serait tout autre chose.

## 17. *L'effet de la polarité est souvent détruit par la supériorité de la défense relativement à l'attaque, et c'est ce qui explique la suspension de l'acte militaire*

Si, comme nous le ferons voir plus tard, la forme défensive est plus forte que la forme agressive, on peut se

que les deux soient simultanément en position offensive ou défensive (§ 16), et Clausewitz part du présupposé de la supériorité de la défense sur l'attaque (§ 17), thèse qu'il justifiera plus tard dans le livre VI consacré à la défensive. La polarité s'applique uniquement à la « décision » (*Entscheidung*) de lancer les opérations d'attaque ou de défense. Voir Dossier, p. 138-141.

1. Au livre VI, en particulier dans les chapitre I (« L'attaque et la défense »), chapitre II (« Rapports tactiques entre l'attaque et la défense ») et chapitre III (« Rapports stratégiques entre l'attaque et la défense »).

demander si l'avantage d'une *décision différée* est chez l'un des adversaires aussi grand que celui de la *défense* chez l'autre. Si cette égalité n'existe pas, ce dernier avantage ne peut neutraliser l'autre, ni par conséquent influer sur la marche de l'acte militaire. Nous voyons par là que la force d'impulsion résultant de la polarité des intérêts peut être détruite par l'excès de force que la forme défensive possède à l'égard de la forme offensive.

Ainsi, lorsque celui auquel l'instant actuel est favorable se trouve trop faible pour pouvoir négliger l'avantage de la défense, il doit se résigner à attendre un avenir peut-être moins favorable, car il peut encore y avoir plus d'avantages pour lui à accepter dans cet avenir un combat défensif qu'à prendre immédiatement l'offensive ou à conclure la paix. Comme, d'après notre conviction, la supériorité de la défense (bien comprise) est très grande, même beaucoup plus grande qu'on pourrait le penser de prime abord, l'explication d'une grande partie des temps d'arrêt qui existent à la guerre devient facile, et l'apparence illogique de ce fait disparaît [1]. Plus les motifs d'action sont faibles, plus ils seront fréquemment absorbés et neutralisés par cette supériorité de la défensive sur l'offensive, et plus les suspensions dans l'acte de la guerre seront fréquentes ; cela est du reste d'accord avec l'expérience.

---

1. Dans son récit de la campagne de Russie (1812) rédigé en 1814 et 1815, Clausewitz utilise le concept de polarité pour expliquer la volonté commune à Napoléon et à Koutouzov (1745-1813), général en chef des armées de Russie, de ne pas s'affronter après Borodino (7 décembre 1812). Napoléon craint de manquer de troupes, Koutouzov redoute la destruction de son armée : « Qu'on ne dise pas que, par suite de l'antagonisme ordinaire des intérêts des armées opposées, l'un des généraux a dû nécessairement commettre une faute et, en particulier que, si un nouveau combat n'était pas avantageux pour Koutouzov, il devait l'être pour son adversaire. Ce sont, en effet, les buts qui sont opposés, non pas les moyens de les atteindre » (*La Campagne de 1812 en Russie*, éd. Gérard Chaliand, Bruxelles, André Versaille, 2012, p. 157).

## 18. *Une seconde cause gît dans la connaissance imparfaite des faits*

Une autre cause encore peut amener la suspension de l'acte militaire ; c'est l'insuffisance des notions concernant les faits [1]. Chacun des deux chefs ne connaît exactement que sa propre situation ; celle de l'adversaire ne lui est révélée qu'au moyen de renseignements incertains [2] ; il peut donc juger mal cette situation, et par suite croire que c'est à l'adversaire qu'il convient de prendre l'initiative, tandis que c'est réellement à lui-même. Il est vrai que cette insuffisance d'informations peut aussi souvent amener des actes intempestifs que des abstentions inopportunes, et ne semble par conséquent pas pouvoir plutôt retarder qu'accélérer la marche des événements militaires. Mais il n'en est pas moins vrai que c'est là une des causes naturelles qui *peuvent amener une suspension de l'acte militaire n'impliquant pas de contradiction interne* [3].

---

1. Une deuxième cause de la suspension de la guerre vient de ce qu'on appellerait aujourd'hui l'*asymétrie de l'information* disponible. Chacun ne connaît bien que sa situation propre et n'a qu'une connaissance incertaine de la situation de l'autre, ce qui peut produire aussi bien une surestimation qu'une sous-estimation de soi ou de l'adversaire.
2. On peut penser par exemple à des espions, comme l'indique Frédéric le Grand (1657-1713), roi de Prusse, à l'article XIV des *Principes généraux de la guerre* (1748) (*Œuvres de Frédéric le Grand*, éd. J.D.E. Preuss, Berlin, Rodolphe Decker, 1856, t. XXVIII, p. 46-48). Pour obtenir des informations sur l'ennemi, il est possible d'utiliser plusieurs sortes d'espions : « les petites gens qui se mêlent de ce métier, les doubles espions, [...] et ceux enfin qu'on oblige par violence à ce malheureux emploi ». Les « petites gens » sont des « bourgeois » ou des particuliers (paysans, prêtres) envoyés dans le camp ennemi ; les « espions doubles » servent à donner de « fausses nouvelles aux ennemis ». Le dernier moyen, « dur et cruel », consiste à prendre des otages pour forcer des particuliers à obtenir des informations.
3. L'asymétrie de l'information et sa rareté obligent à user de précaution dans l'acte militaire avant d'engager ses forces : la suspension qui en découle ne s'oppose pas à un tel acte, elle évite de faire des erreurs de tactique (décider tel combat) et de stratégie (la campagne menée contre l'ennemi).

Or, lorsqu'on considère qu'on est généralement disposé et conduit à estimer plutôt trop haut que trop bas la force de son adversaire, parce que cela est dans la nature humaine, on conviendra que la connaissance imparfaite des faits doit en général contribuer beaucoup à interrompre l'action militaire, et à en modérer le principe.

La possibilité d'une suspension rationnelle introduit un nouveau modérateur dans l'acte militaire. En le dissolvant pour ainsi dire dans le temps, elle dissémine le danger et multiplie les moyens de rétablir l'équilibre. Plus les tensions d'où la guerre est sortie sont fortes, et par conséquent plus cette guerre est énergique, plus les temps d'arrêt sont courts. Plus le principe de la guerre est faible au contraire, plus les temps d'arrêt se prolongeront. Les motifs puissants font croître la force de la volonté qui, comme nous le savons, est toujours un produit des forces.

### 19. *La grande quantité d'inaction répandue dans l'acte de la guerre l'éloigne toujours davantage de l'absolu, et le soumet de plus en plus au calcul des probabilités*

Plus l'acte militaire est lent, plus les temps d'arrêt sont longs et nombreux, plus aussi il devient facile de réparer une faute, et plus les chefs seront hardis dans leurs hypothèses ; en même temps, ils resteront d'autant plus au-dessous des extrêmes, en se basant sur des probabilités et des suppositions. Ainsi, la marche plus ou moins lente de la guerre laisse plus ou moins de temps disponible pour ce *calcul de probabilités* [1] dans des circonstances

---

1. La considération des temps d'arrêts dans la guerre permet de définir celle-ci à partir du calcul des probabilités. On pourrait croire que Clausewitz anticipe la *théorie des jeux* qui se propose d'étudier des « situations (appelées "jeux") où des individus (les "joueurs") prennent des décisions, chacun étant conscient que le résultat de son propre choix (ses "gains") dépend de celui des autres » (Bernard Guerrien, « Théorie des jeux », *Encyclopædia Universalis*, 2013), mais pour lui le rôle du hasard interdit toute analyse mathématique (§ 21).

déterminées, qui est indispensable selon la nature de chaque cas concret.

*20. Pour que la guerre soit un jeu,*
*il ne lui manque donc plus que le hasard ;*
*or elle est loin d'en être dépourvue* [1]

Nous voyons par ce qui précède combien la nature objective de la guerre la convertit en calcul de probabilités ; il ne faut plus qu'un seul élément pour en faire un jeu, et cet élément ne lui manque pas, c'est le *hasard*[2]. Aucun genre d'activité humaine n'est aussi constamment et aussi généralement que la guerre en rapport avec le hasard. Mais avec le hasard s'introduisent les chances, ce qui finit par faire une large part au bonheur.

*21. Comme la guerre est un jeu*
*par sa nature objective, de même elle l'est*
*par sa nature subjective*

Si nous jetons un coup d'œil sur la *nature subjective* de la guerre, c'est-à-dire sur les forces au moyen desquelles

---

1. On remarquera que si la guerre est un jeu, c'est bien aussi parce que de nombreux jeux sont des simulations de combat : la guerre est un jeu parce que, depuis des millénaires, on se fait la guerre de façon ludique avant de se faire la guerre au sens propre. Qu'on songe au jeu d'échecs, au go, à toutes les compétitions sportives et même aux jeux de civilisation virtuels : on voit bien comment le duel, sous ses différentes formes, la tactique et la stratégie militaires continuent d'attirer les joueurs et ceux qui ont l'esprit de compétition.
2. Parmi les théoriciens prussiens de la guerre contemporains de Clausewitz, Georg Heinrich von Berenhorst (1733-1814) souligna le rôle du hasard dans ses *Betrachtungen über die Kriegskunst* (*Considérations sur l'art de la guerre*, 1797-1799) : selon lui, la « tactique globulaire » (entendre par « globules » des boulets, des balles) due à l'usage intensif de l'artillerie brouille les cartes, rendant impossible le choc entre les armées. La peur, les impondérables psychologiques font leur apparition et le combat échappe au tacticien. Il insiste sur deux

elle doit être conduite, elle nous apparaîtra de plus en plus comme un jeu. L'élément, le milieu dans lequel la guerre se meut, c'est le danger ; or quelle est dans le danger la plus importante des forces de l'âme ? C'est le *courage*. Maintenant le courage peut, il est vrai, s'allier avec la sagesse du calcul, et cependant ce sont choses essentiellement différentes, appartenant à des facultés distinctes de l'âme ; d'un autre côté, l'*audace*, la *confiance dans la fortune*, la *témérité*, la *hardiesse*, sont des manifestations du courage, et toute cette région de l'âme aspire vers les incertitudes de la chance, parce que c'est là son élément.

Nous voyons par là que dans les calculs dépendant de l'art de la guerre, l'absolu, l'élément mathématique, ne trouve nulle part un point d'appui ferme. À travers tout le réseau de la guerre se jouent le possible, le probable, le bonheur, le malheur. C'est ce qui fait que, de toutes les branches de l'activité humaine, c'est la guerre qui ressemble le plus à un jeu de cartes [1].

## 22. *Le hasard possède un attrait pour l'esprit humain en général*

Quoique notre intelligence se sente toujours poussée vers la clarté et la certitude, notre esprit éprouve pourtant souvent un attrait pour l'incertain. Au lieu de suivre

hasards : le hasard superficiel (ce que Clausewitz appellera les frictions, voir *infra*, p. 111) et le hasard profond qui ébranle le chef au moment de la décision.

1. La dimension inquantifiable dans le jeu de la guerre vient des grandeurs morales, des vertus irréductibles aux grandeurs mathématiques. La guerre n'est pas une activité irrationnelle : c'est un jeu étranger à la formalisation mathématique, ce qui s'oppose aux efforts des philosophes et mathématiciens comme Pascal (1623-1662) ou Leibniz (1646-1716), qui ont fait des jeux de hasard une mathématique appliquée. Raymond Aron, dans *Penser la guerre : Clausewitz*, t. I : *L'Âge européen* (*op. cit.*, p. 380-381) évoque le rôle probable joué par Scharnhorst (1755-1813) dans la formation intellectuelle de Clausewitz sur ce point. Ce général, qui réforma l'armée prussienne avec le comte August

péniblement avec le jugement le sentier étroit de la recherche philosophique et des déductions logiques, pour arriver presque sans s'en apercevoir dans des espaces où il se sent dépaysé, où il n'aperçoit plus aucun point de repère, l'esprit préfère s'arrêter avec l'imagination dans le domaine des hasards heureux. Au lieu de se voir limité par l'indigence nue et aride de la nécessité, il se délecte au milieu des trésors illimités du possible, le courage s'exalte jusqu'aux nues, et c'est ainsi que les hasards et le danger deviennent l'élément dans lequel il s'élance, comme le hardi nageur dans le torrent.

La théorie doit-elle l'abandonner sur ce terrain ? doit-elle se mouvoir présomptueusement à travers des conclusions et des règles absolues ? Non, car alors elle ne serait d'aucune utilité pour la vie. La théorie ne peut faire abstraction de la nature humaine, elle doit faire la part du courage, de la hardiesse et même de la témérité. L'art de la guerre a affaire à des forces vivantes et morales, et il s'ensuit qu'il ne peut nulle part atteindre l'absolu et la certitude ; il reste partout une place à l'imprévu, à l'inconnu ; il appartient au courage, à la confiance de combler ces lacunes. Plus ce courage, cette foi en soi sont grands, plus on peut laisser de latitude à la chance. Ces qualités sont donc à la guerre des principes très essentiels, et par conséquent la théorie ne doit établir que des lois telles que ces vertus guerrières, qui sont les plus nobles et les plus nécessaires, puissent y conserver leur libre essor, à tous leurs degrés et dans toutes leurs modifications. Dans l'action de risquer, il existe aussi une sagacité et une prévoyance ; seulement on les apprécie d'après un autre critère.

---

von Gneisenau (1760-1831) et qui fut le mentor de Clausewitz à l'Académie militaire de Berlin, a souligné dans ses écrits le rôle méconnu de la partie psychologique de l'art de la guerre, ce que Clausewitz appelle les forces ou les grandeurs morales.

## 23. Toutefois la guerre n'en reste pas moins un moyen sérieux relatif à un but sérieux. Développements plus amples concernant ce but

Voilà la guerre, voilà le chef qui la conduit, voilà la théorie qui la dirige. Mais la guerre n'est pas un passe-temps ; elle n'est pas un divertissement consistant à risquer et à réussir ; elle n'est pas une œuvre de libre inspiration ; la guerre est un moyen sérieux se rapportant à un but sérieux. Tout ce qu'elle a de ce coloris diapré du bonheur, tout ce qu'elle s'approprie des élans passionnés, du courage, de l'imagination, de l'inspiration, ne constitue qu'une particularité du moyen.

La guerre d'une communauté, de nations entières, et spécialement de nations *civilisées*, naît toujours d'une situation politique, et n'est déterminée que par un motif politique : elle constitue donc un acte politique. Si elle était une manifestation parfaite, pure et absolue de la violence, tel que nous avons dû le déduire du concept pur, alors, dès l'instant où la politique lui aurait donné l'existence, elle se substituerait à celle-ci, l'écarterait comme n'en dépendant plus, et ne suivrait que ses lois intrinsèques, de même que l'explosion d'une mine n'est plus susceptible d'être conduite après qu'on a mis le feu à la traînée de poudre qui doit la faire éclater. C'est ainsi que jusqu'à présent on s'est expliqué la chose, lorsqu'un défaut d'harmonie entre la politique et la guerre a conduit à des distinctions théoriques de ce genre. Cependant, il n'en est pas ainsi et cette conception est radicalement fausse. La guerre du monde réel, ainsi que nous l'avons vu, n'est pas cette chose extrême dont la tension se résout par une seule décharge, mais c'est l'action de forces qui ne se développent pas d'une manière uniforme et régulière. Tantôt ces forces grandissent suffisamment pour vaincre l'obstacle que lui opposent l'inertie et la friction, tantôt elles sont trop faibles pour se manifester ainsi ; c'est donc à certains égards une pulsation de violence, plus ou moins énergique, lâchant ses décharges et épuisant les forces plus ou moins rapidement. Autrement dit, c'est un acte conduisant plus ou moins promptement au but, mais durant toujours assez longtemps pour que, pendant son cours, une influence puisse être exercée sur lui et lui donner telle ou telle direction ; bref, cet acte reste soumis à la volonté d'une intelligence dirigeante. Si nous considérons maintenant que la guerre procède d'une fin politique, il est naturel que ce motif premier, qui lui a donné l'existence, continue à conserver la haute main sur sa direction. Mais la fin politique n'est pas pour cela un législateur despotique, elle doit se plier à la nature du moyen : d'où il résulte que souvent elle se modifie profondément. Cela n'empêche pas qu'elle ne doive toujours être considérée en premier lieu. Ainsi la politique se prolongera à travers tout l'acte militaire, en exerçant sur lui une influence continue, autant que le permet la nature des forces qui s'y détendent[1].

---

1. Si la guerre dépend de « la fin politique », elle n'est pas autonome, mais elle n'est pas pour autant hétéronome, car elle a des lois propres. Pour reprendre une distinction kantienne, on pourrait dire que la guerre, par sa relation spécifique au politique, n'est ni autonome (elle ne se donne pas sa propre loi) ni hétéronome (elle ne reçoit pas d'un autre sa loi), mais *héautonome* : est autonome ce qui est le principe d'une législation *a priori* s'appliquant à des objets, alors qu'est héautonome une faculté qui ne prescrit ses lois à aucun objet mais à elle-même (Kant, « Première introduction » à la *Critique de la faculté de juger*, dans *Œuvres philosophiques II*, éd. sous la direction de Ferdinand Alquié, Gallimard, 1985, p. 880). Dans la guerre comme « jeu sérieux », il y a des règles à suivre, même si elles n'ont aucune nécessité absolue dans la mesure où il faut tenir compte des circonstances, des passions des joueurs, de la durée de la partie. Clausewitz souligne que la fin politique n'est pas un « législateur despotique », car les catégories de la guerre ne sont pas les catégories de la politique ou la guerre n'est pas (seulement) de la politique appliquée : la fin politique doit « se plier » à la nature du moyen, ce qui signifie une réaction du moyen (la guerre) sur la fin poursuivie.

### 24. La guerre n'est qu'une continuation de la politique avec d'autres moyens [1]

Nous voyons donc que la guerre n'est pas seulement un acte politique, mais encore un véritable instrument de la politique, une continuation des transactions de celle-ci, une suite qu'on lui donne par d'autres moyens. Ce qu'après cela la guerre conserve encore d'individuel ne se rapporte qu'à la nature particulière de ses moyens. Les tendances et les desseins de la politique ne doivent pas se trouver en contradiction avec ces moyens, c'est ce que l'art de la guerre exige en général, et c'est ce que le commandant en chef peut exiger dans chaque cas particulier. Cette condition n'est pas peu de chose ; mais quelle que soit, dans des cas particuliers, la réaction de la guerre sur les desseins politiques, on ne doit toujours la considérer comme une modification de ceux-ci ; car le dessein politique est la fin, la guerre est le moyen, et un moyen sans fin ne se conçoit pas.

### 25. Diversité de nature des guerres

Lorsque les motifs de la guerre sont considérables et puissants, lorsqu'ils touchent aux intérêts vitaux des

---

1. Cette définition célèbre, trop célèbre, de la guerre, est généralement la seule chose que l'on retient de Clausewitz, ce qui est réducteur, car on n'a pas attendu Clausewitz pour savoir qu'il y avait un rapport entre la guerre et la politique – qu'une guerre trouve son origine dans des motivations politiques, quand on attaque un État pour l'annexer, ou qu'elle se traduise par des conséquences politiques comme effet indirect avec la formation d'une coalition qui permet au petit État d'affaiblir durablement l'État plus puissant qui voulait l'annexer. Détacher cette définition de la guerre des vingt-trois premiers paragraphes, la dissocier du concept de guerre absolue (montée aux extrêmes), c'est trahir la lettre et l'esprit de Clausewitz. On ne saurait tenir Clausewitz pour responsable de la confusion entre guerre absolue et guerre réelle, comme ce sera le cas avec le concept de guerre totale formé par le général allemand Ludendorff (1865-1937), de même qu'il n'est pas à l'origine des massacres de masse lors de la Première Guerre mondiale,

peuples et que l'irritation qui précède la guerre est violente, la guerre s'approche de sa forme abstraite, où il s'agit de terrasser l'adversaire ; alors la fin politique et l'objectif militaire tendent à coïncider, et la guerre s'éloigne du caractère politique pour s'approcher du caractère purement militaire. Lorsque, au contraire, les motifs et les tensions sont faibles, la direction naturelle de l'élément de la guerre, c'est-à-dire la violence, se trouvera divergente de celle que la politique indique. La guerre doit donc alors dévier de cette direction naturelle ; la fin politique s'éloigne du but de l'idéal de la guerre, et le caractère de la guerre tend à devenir purement *politique*.

Toutefois, afin que le lecteur ne s'y trompe pas, nous remarquerons que ce que nous avons appelé *tendance naturelle* de la guerre ne l'est que sous le point de vue *philosophique*, ou plutôt *logique*, et que ce n'est nullement la tendance des forces engagées réellement dans un conflit, comme si on voulait entendre par là la somme des émotions et des passions des combattants ; il est vrai que dans certains cas, ceux-ci pourraient se trouver tellement surexcités qu'on les retiendrait avec peine dans les limites tracées par les vues politiques ; généralement, cependant, une pareille contradiction n'aura pas lieu, parce que l'existence d'efforts si puissants présuppose celle d'un plan grandiose en harmonie avec eux [1].

---

comme le lui reprochera l'historien militaire Liddell Hart (1895-1970) dans son *Histoire mondiale de la stratégie* (trad. Lucien Poirier, Plon, 1962, p. 389-395).

1. Clausewitz pourrait laisser croire que l'épopée napoléonienne n'a été qu'une parenthèse puisqu'il semble difficile de trouver un « plan grandiose » politique susceptible de mobiliser les masses. Or, au chapitre XVII du livre III, il indique que la campagne de Prusse de 1813 a montré le rôle irremplaçable des milices et de la participation du peuple : « Depuis que tous ces événements ont fait voir quel facteur énorme du produit des forces d'un État réside dans les cœurs et les intentions de la nation, enfin, depuis que tous les gouvernements ont appris à connaître ces ressources, on ne peut plus s'attendre à les voir négliger dans les guerres futures, soit qu'ils se trouvent menacés dans leur propre existence, soit qu'une ambition puissante leur serve de moteur » (*De la guerre, op. cit.*, p. 169-170). Si tel est le cas, alors la physionomie des guerres futures risque de ne pas être aussi modérée que le laisse penser Clausewitz...

Lorsque le plan n'est dirigé que vers un résultat médiocre, les masses resteront assez indifférentes pour qu'on ait plutôt besoin de leur communiquer une impulsion que de les contenir.

## 26. *Les guerres peuvent être considérées toutes comme des actions politiques*

Revenons à notre objet ; s'il est vrai que, dans une sorte de guerre, la politique paraît s'effacer entièrement, tandis que dans l'autre elle devient très prépondérante, on peut pourtant affirmer que l'une est aussi politique que l'autre. En effet, si l'on considère la politique comme l'intelligence de l'État personnifié [1], il faut que, parmi toutes les éventualités que doit embrasser son calcul, soit comprise celle d'une guerre de la première espèce, amenée par la nature des rapports.

Il n'y aurait qu'un cas où l'on devrait se borner à considérer la guerre de la seconde espèce comme relevant seule de la politique, ce serait celui où l'on voudrait voir dans la politique non pas l'intelligence des intérêts nationaux, mais bien cette idée trop généralement répandue, cette idée *conventionnelle* que la science de la politique n'est que finesse, circonspection, dissimulation, duplicité, déloyauté même [2].

---

1. La formulation en allemand est assez lourde : *die Intelligenz des personifizierten Staates*. Clausewitz, qui est un patriote prussien convaincu, même s'il passa au service du tsar pour éviter de rester sous la férule des Français après la défaite de la Prusse, ne pouvait concevoir l'incarnation de la politique que sous la forme du roi qui commande avec ses généraux. Frédéric II aimait à se présenter comme le premier serviteur de l'État : « Un prince est le premier serviteur et le premier magistrat de l'État » (« Mémoires pour servir à l'histoire de la maison de Brandeburg », *Œuvres de Frédéric II*, Berlin, Voss et fils & Decker et fils, 1789, t. I, p. 218). Le roi représente la rationalité publique et personnalise l'État : par ses choix politico-militaires, il est bien cette « intelligence de l'État personnifié ».

2. On reconnaît une version vulgarisée de ce qu'on croit être la politique selon Machiavel (1469-1527) exposée dans *Le Prince* (1513). Fré-

## 27. *Conséquences de ce point de vue pour l'intelligence de l'histoire de la guerre et pour les fondements de la théorie*

Nous avons vu, *d'une part*, que la guerre doit être conçue non comme une *réalité indépendante*, mais comme un instrument politique. Tout autre point de vue serait en contradiction avec toute l'histoire militaire. C'est la seule clé de l'analyse rationnelle de cette histoire. Ce même point de vue nous laisse entrevoir *d'autre part* combien les guerres doivent être diverses suivant la nature des motifs et des rapports qui les ont fait naître.

Le premier acte et en même temps le plus considérable et le plus décisif qui incombe à l'homme d'État ou au chef d'armée consiste donc à juger sainement, sous ce rapport, la guerre qu'il entreprend, et à ne pas l'estimer ou vouloir la faire ce qu'elle ne peut être d'après la nature des rapports [1]. Cela constitue donc la

---

déric II, aidé par Voltaire, soucieux de promouvoir à l'extérieur l'image de prince éclairé, rédigea un *Anti-Machiavel* où il réfute toutes les thèses du Florentin considérées comme opposées à l'esprit des Lumières : « J'ose prendre la défense de l'humanité contre ce Monstre qui veut la détruire, j'ose opposer la raison et la justice au sophisme et au crime [...]. Combien n'est point déplorable la situation des peuples, lorsqu'ils ont tout à craindre de l'abus du pouvoir souverain, lorsque leurs biens sont en proie à l'avarice du Prince, leur liberté à ses caprices, leur repos à son ambition, leur sûreté à sa perfidie, et leur vie à ses cruautés ? C'est là le tableau tragique d'un État, où règnerait un Prince comme Machiavel prétend le former » (« Avant-Propos », *Anti-Machiavel*, La Haye, 1740, p. VII).

1. L'expression utilisée par Clausewitz (*Natur der Verhältnisse*, « nature des rapports ») fait penser à *De l'esprit des lois*, où Montesquieu (1689-1755) distingue au début du livre I les lois au sens général comme « rapports nécessaires qui dérivent de la nature des choses » (*De l'esprit des lois*, chap. I, éd. Victor Goldschmidt, GF-Flammarion, 1979, p. 123), les lois de la nature qui dérivent de « la constitution de notre être » (chap. II) et les lois positives ou lois de chaque nation (chap. III, *ibid.*, p. 125). C'est davantage ce que Montesquieu appelle « l'esprit des lois » qui semble avoir marqué Clausewitz : cet esprit est la synthèse originale provenant des différents facteurs qui entrent en jeu dans la formation de lois relatives à un peuple donné dans un cadre spatio-temporel déterminé. Montesquieu énumère ces facteurs : les lois,

première et la principale question stratégique ; nous l'examinerons plus en détail dans la suite en développant le plan de guerre [1].

Nous nous contenterons pour le moment d'avoir exposé le sujet jusqu'à cette limite, et d'avoir ainsi fixé le point de vue auquel il faut se placer pour considérer la guerre et sa théorie.

## 28. *Résultat pour la théorie*

D'après ce qui précède, la guerre non seulement tient du caméléon [2], comme changeant de nature dans chaque cas particulier, mais elle forme encore dans sa généralité, sous le rapport des tendances qui règnent en elle, une singulière trinité composée : de la violence originelle de son élément, de la haine et de l'hostilité, qu'on peut considérer comme un *instinct aveugle* ; du jeu des probabilités et du hasard, qui y introduit l'*activité libre de l'âme* ; de la nature subordonnée de l'instrument politique, ce qui la rapporte *à l'entendement pur* [3].

---

écrit-il, « doivent être relatives au physique du pays, au climat glacé, brûlant ou tempéré ; à la qualité du terrain, à sa situation, à sa grandeur, au genre de vie des peuples, [...] au degré de liberté que la constitution peut souffrir ; à la religion des habitants, à leurs inclinations, à leurs richesses, à leur nombre, à leur commerce, à leurs mœurs, à leurs manières » (chap. III, *ibid.*, p. 128). Clausewitz définit aussi un esprit des lois de la guerre en essayant de réconcilier l'universalité de la guerre avec tous les facteurs qui introduisent la variété.

1. Clausewitz traite cela au livre VIII.

2. Expression célèbre qui ne sacrifie pourtant pas la guerre au relativisme : si la guerre est un « caméléon », c'est parce que la guerre en tant que telle n'existe pas, elle est un rapport de « grandeurs variables » et, comme le précise Clausewitz, un rapport qui met en relation trois sujets aux législations différentes (voir note suivante).

3. On passe de la définition duelle de la guerre comme « jeu sérieux » à la définition ternaire. Aucune guerre n'est pensable sans la prise en compte des *masses*, de l'*armée* et d'un *acteur politique*, voilà ce que retire Clausewitz des guerres de la Révolution, de l'Empire et de la résistance à Napoléon.

La première de ces trois faces correspond au peuple, la seconde au général et à son armée, la troisième au gouvernement. Les passions qui y seront mises en jeu doivent déjà exister dans les nations ; l'étendue qu'acquiert l'élément de courage et de talent dans le domaine de la probabilité et du hasard dépend de la qualité du chef et de l'armée ; les fins politiques, au contraire, se rapportent exclusivement au gouvernement.

Ces trois tendances, qui se présentent comme autant de systèmes de lois différents, ont leurs racines dans la nature intime du sujet et sont en même temps des grandeurs variables. Une théorie qui négligerait l'une d'elles, ou qui établirait entre elles un rapport arbitraire, se mettrait immédiatement dans une telle contradiction avec la réalité qu'on devrait par là même la considérer comme nulle.

La tâche consiste donc en ce que la théorie gravite constamment entre ces trois tendances, comme entre trois centres d'attraction.

Dans le livre traitant de la théorie de la guerre, nous examinerons par quelle voie il sera le plus possible de satisfaire à cette condition difficile. En tout cas, l'idée de la guerre que nous avons arrêtée sera un premier rayon de lumière qui éclairera les bases fondamentales de la théorie et nous aidera à séparer et à distinguer les masses principales du sujet.

# Chapitre II

# FIN ET MOYEN DANS LA GUERRE

Après avoir appris à connaître dans le chapitre précédent la nature complexe et variable de la guerre, nous allons nous occuper de rechercher quelle peut en être l'influence sur le moyen et sur la fin dans la guerre.

Si nous demandons d'abord quel est l'objectif que doit viser toute la guerre pour être le moyen propre à réaliser la fin politique, nous trouverons la même diversité que dans la fin politique et dans les circonstances individuelles de la guerre.

Si nous retournons au pur concept de la guerre, nous trouvons que la fin politique lui est étrangère ; car si la guerre est un acte de la violence pour contraindre un adversaire à accomplir notre volonté, il s'agit *toujours* et *uniquement* de renverser cet adversaire, c'est-à-dire de le rendre impuissant. Nous allons d'abord considérer *cette* fin, qui découle du concept, mais dont un grand nombre de cas réels se rapprochent, à la lumière de la réalité.

Dans la suite, en traitant du plan de guerre, nous examinerons plus en détail ce qu'on entend par *rendre un État impuissant* ; pour le moment nous devons distinguer trois objets principaux qui renferment en eux tout le reste : ce sont la *force militaire*, le *pays* et la *volonté de l'ennemi*.

La force militaire doit être *détruite*, c'est-à-dire *amenée à un état tel qu'elle ne puisse plus continuer la lutte*. C'est ce que nous entendrons toujours dorénavant, lorsque nous parlerons de la *destruction* de la force ennemie ;

Le pays doit être conquis, parce que sans cela il pourrait s'y former une nouvelle force militaire.

Ces deux résultats obtenus, la guerre, c'est-à-dire la tension et l'action hostiles des forces ennemies, ne peut pas être considérée comme épuisée, tant que la *volonté* de l'ennemi n'est pas domptée ; en d'autres termes, tant que son gouvernement et ses alliés n'ont pas été amenés à signer la paix, ou que la nation n'a pas été contrainte à la soumission ; car, pendant que nous sommes en possession du pays, la lutte peut se ranimer soit dans l'intérieur, soit par le secours des alliés. Il est vrai que la même chose peut avoir lieu *après* la paix, mais cela ne prouve rien, sinon que toute guerre ne comporte pas une décision et une issue complètes. Or, même dans ce cas, la conclusion de la paix éteint toujours un grand nombre d'étincelles qui auraient sans cela continué de couver ; elle calme l'irritation, parce que tous les partisans de la paix, nombreux chez toutes les nations et dans toutes les circonstances, usent à ce moment de toute leur influence pour détourner de toute idée de résistance.

Comme, parmi les trois éléments de la puissance, la force combattante est destinée à protéger le pays, il est rationnel de la détruire d'abord, et d'occuper ensuite le pays, pour que ces deux résultats, joints à l'attitude que nous pouvons encore conserver, déterminent l'adversaire à la paix. Ordinairement, la destruction de la force armée est graduelle, et l'occupation du pays lui succède pas à pas. Les deux opérations réagissent généralement l'une sur l'autre, en ce que la perte des provinces amène l'affaiblissement des forces mobiles. L'ordre ci-dessus n'est pourtant pas indispensable, et c'est pourquoi il n'est pas toujours suivi [1]. La force armée de l'État attaqué peut,

---

1. Comme pour la définition de la guerre, on voit une *succession* logique, idéale – réduire l'armée ennemie à l'impuissance, occuper le pays et dompter la volonté de l'ennemi –, et les *modifications* tirées des circonstances qui transforment cette série. Dans la guerre « caméléon », il n'y a rien d'absolu et les exceptions abondent, comme le fait de conclure un traité de paix avant que l'ennemi soit réduit à l'impuissance.

même avant d'avoir été sensiblement entamée, se retirer jusqu'à la frontière opposée du pays, et même dans les pays voisins. Dans ce cas, la plus grande partie ou même l'étendue entière du pays sera occupée par l'ennemi.

Mais cet objectif de la *guerre abstraite*, ce moyen ultime d'atteindre la fin politique et qui doit comprendre tous les autres, c'est-à-dire la *réduction de l'adversaire à l'impuissance*, n'est pas toujours poursuivi dans la réalité ; il n'est pas non plus la condition nécessaire de la paix, et ne peut par conséquent être érigé en loi par la théorie. Il existe d'innombrables traités de paix conclus avant que l'une des parties contractantes ait pu être considérée comme hors de combat, et même avant que l'équilibre des forces ait été sérieusement troublé. Il y a plus : lorsque nous considérons l'ensemble des cas particuliers, nous devons nous dire que toute une classe de ces cas ne comporte l'idée de *terrasser l'adversaire* que comme un jeu futile de l'imagination ; c'est ce qui a lieu lorsque l'adversaire est beaucoup plus fort.

La raison pour laquelle l'objectif déduit du concept de la guerre ne convient pas généralement à la guerre réelle tient à leur différence, ce dont nous nous sommes occupé dans le chapitre précédent [1]. Si la guerre réelle devait être conforme à son concept pur, elle serait absurde, et par conséquent impossible entre États de puissances notablement différentes ; l'inégalité des forces physiques devrait alors être tout au plus assez grande pour pouvoir être compensée par l'inégalité inverse de forces morales ; or cet élément de compensation ne conduirait pas loin en Europe avec notre état social moderne [2]. Si donc nous

1. Voir *supra*, p. 43.

2. Argument supplémentaire pour justifier l'écart entre le concept pur de la guerre et la guerre réelle : à la puissance militaire des États puissants devrait faire contrepoids une énergie morale démesurée de la part d'États moins puissants qui seraient prêts à une logique de sacrifice. De telles conditions ne sont plus possibles depuis l'équilibre européen des puissances, où règne le système westphalien qui remonte à la guerre de Trente Ans (1618-1648), où la souveraineté interne et externe des États fut reconnue et la guerre limitée par l'équilibre des puissances.

avons vu exister des guerres entre des États de *puissances très inégales*, cela provient de ce que *la guerre dans la réalité s'écarte souvent très loin de son concept originel*[1].

Deux choses se substituent dans la réalité comme motifs de paix, à l'impossibilité de continuer la résistance : la première est l'invraisemblance du succès ; la seconde, les exorbitantes dépenses qu'elle occasionne.

Ainsi que nous l'avons vu au chapitre précédent, toute la guerre doit abandonner la loi rigoureuse de sa nécessité interne, pour s'appuyer sur des calculs de probabilité. Cela a lieu d'autant plus que, suivant les circonstances dont la guerre est née, elle s'y prête davantage, et que les motifs et les passions sont moindres. Il est facile de concevoir d'après cela comment le motif de la paix peut résulter de ce même calcul de probabilités. La guerre n'a donc pas besoin d'être poursuivie jusqu'au renversement complet de l'une des parties belligérantes, et l'on peut concevoir que, dans les cas où les motifs de tension hostile sont faibles, une probabilité légère, à peine indiquée, suffit déjà pour amener à composition celui pour lequel elle n'est point. Si l'autre en est convaincu d'avance, il est tout naturel qu'il s'efforcera seulement de produire cette *probabilité*, sans prendre le long détour de l'entier renversement de la puissance de l'ennemi.

La considération de la dépense d'énergie déjà faite et de celle qui reste à faire exerce une influence encore plus générale sur les délibérations concernant la paix. Comme

---

À l'époque de Clausewitz, le congrès de Vienne (1814-1815) vint rétablir l'ordre européen bouleversé par Napoléon en faisant de cet équilibre une condition de la paix en Europe. Après la Seconde Guerre mondiale, l'équilibre de la terreur dû à la possession d'armes atomiques (dissuasion nucléaire) modifia la façon de penser le rapport entre la paix et la guerre en obligeant à réexaminer sous un jour nouveau la coexistence pacifique des États.

1. Clausewitz souligne lui-même cette proposition dans le texte : l'écart entre l'absolu et le relatif n'est pas une déficience mais correspond à la guerre telle qu'elle est et qui ne coïncide donc pas avec la montée aux extrêmes.

la guerre n'est pas un acte de la passion aveugle et qu'au contraire la fin politique y est prédominante, c'est la valeur de ce but qui doit servir de mesure à la grandeur des sacrifices à faire pour l'atteindre. Cela s'applique tant à l'*étendue* qu'à la *durée* de ces sacrifices. Par conséquent, dès que la dépense de force devient si grande que la valeur de la fin politique ne peut plus lui servir de compensation, cette fin doit être abandonnée, et la paix s'ensuivra.

On voit d'après cela que dans les guerres où l'un ne peut mettre l'autre entièrement hors de combat, les motifs de paix croîtront et décroîtront chez les deux adversaires suivant la probabilité des résultats à venir et de la dépense de force nécessaire. Si ces motifs étaient d'égale force chez les deux adversaires, ils se rencontreraient au milieu de la différence de leurs intérêts politiques. Ce que ces motifs de paix gagnent en force chez l'un, ils peuvent le perdre chez l'autre : il suffit que leur somme soit assez grande pour qu'ils amènent la paix, dont les stipulations seront naturellement à l'avantage de celui qui avait les motifs les plus faibles de la conclure.

Nous avons négligé à dessein la différence qu'amène nécessairement dans l'action la nature *positive* ou *négative* de la fin politique ; car, ainsi que nous le ferons voir dans la suite [1], en admettant même que ce but soit de la plus haute importance, nous avons dû ici nous maintenir à un point de vue plus élevé, et cela attendu que les vues politiques primitives se modifient beaucoup durant la guerre, et changent même du tout au tout, *précisément parce qu'elles subissent la réaction du succès des armes et des événements probables* [2].

---

1. Dans le livre VIII Clausewitz revient sur les rapports entre le but de la guerre et la fin politique (chap. IV-VI).

2. Autre application de l'action réciproque : la guerre est décidée en fonction d'une fin politique précise et ce but change en fonction des résultats militaires et de l'anticipation des résultats futurs.

Maintenant se présente la question de savoir comment on peut agir sur la probabilité du succès. Ce sera naturellement d'abord par les mêmes moyens qui conduisent au renversement de l'adversaire : *la destruction de ses forces militaires et la conquête de ses provinces.* Cependant, aucune des deux n'est plus exactement la même selon la fin visée. En attaquant la force militaire de l'ennemi, nous agirons d'une manière tout à fait différente, si après avoir frappé le premier coup nous le faisons suivre d'une série d'autres jusqu'à la ruine complète de l'adversaire, ou si nous nous contentons d'une seule victoire pour troubler la confiance de l'adversaire, lui inoculer le sentiment de notre supériorité et par conséquent lui inspirer des inquiétudes sur l'avenir. Ne voulant atteindre que ce dernier résultat, nous ne ferons dans l'œuvre de la destruction de ses forces que les efforts suffisants. De même, la conquête de provinces est une mesure différente, lorsqu'il ne s'agit plus de renverser l'adversaire. Dans ce dernier cas, l'opération efficace et essentielle, c'est l'anéantissement de la force militaire, et l'occupation territoriale n'en est que la conséquence. Occuper les provinces avant d'avoir désorganisé la force militaire, cela ne pourrait jamais être considéré que comme mal nécessaire ; mais lorsqu'il ne s'agit pas de la destruction totale de la puissance ennemie, et lorsque nous sommes convaincus que l'ennemi ne cherche pas lui-même et *craint* au contraire la voie d'une décision sanglante, l'occupation d'une province faiblement défendue ou abandonnée constitue déjà *par elle-même un avantage.* Si cet avantage est assez grand pour rendre l'adversaire inquiet sur le résultat général de la guerre, il peut être considéré comme un acheminement direct vers la paix.

Nous arrivons maintenant à un nouveau moyen d'agir sur la probabilité du succès, sans détruire la force militaire de l'ennemi ; ce sont les entreprises qui ont une *relation immédiate avec la politique.* S'il existe des combinaisons particulièrement appropriées à rompre ou à paralyser les alliances de notre adversaire, à nous en former de nouvelles, à susciter chez lui des factions politiques en notre faveur, on conçoit aisément qu'elles puissent accroître de beaucoup la probabilité du succès, et faire atteindre le but par un chemin bien plus court que la destruction des forces de l'ennemi [1].

La seconde question est : quels sont les moyens d'influer sur la dépense de force à faire par l'ennemi, c'est-à-dire pour augmenter le prix de ce qu'il veut obtenir ?

La dépense de force de l'adversaire se compose de *celle de ses troupes*, et par conséquent de la quantité que nous pouvons en *détruire*, et de la *perte de provinces*, je veux dire celles que nous occuperons.

En y réfléchissant, on se convaincra facilement que ces deux objets n'ont pas, à raison de leur importance, une signification invariable, quel que soit le but. Quoique les différences soient généralement peu prononcées, nous ne devons pas nous y tromper ; car, dans la réalité, ce sont souvent les nuances les plus délicates qui décident entre telle ou telle forme dans l'emploi des forces. Notre but ici est simplement de faire voir que, certaines conditions étant admises, diverses méthodes *peuvent* conduire au but, n'impliquent *ni contradiction ni absurdité*, et ne sont pas même *fautives*.

Outre ces deux moyens, il y a encore trois voies particulières suivant lesquelles on peut agir directement pour accroître la dépense de force de l'ennemi. La première est l'*invasion, c'est-à-dire l'occupation des provinces de l'ennemi sans dessein de les conserver*, mais dans le but d'y lever des contributions de guerre, ou même de les ravager. Dans ce cas, le but immédiat n'est ni la conquête du pays ni la destruction de sa force militaire, mais seulement *en général le dommage de l'ennemi*. La deuxième

---

1. Cette fois, l'action politique au sein de la guerre consiste à défaire la coalition ennemie ou bien à faire naître la division chez l'ennemi sous la forme de factions favorables à la paix. Sans opérations militaires, on peut ainsi parvenir au même résultat que précédemment : amener l'ennemi à vouloir la fin de la guerre.

consiste à diriger nos entreprises *de préférence* sur des objets qui puissent accroître le dommage de l'ennemi. Rien n'est plus facile que de nous représenter notre force militaire comme agissant suivant deux directions différentes, dont l'une mérite la préférence quand il s'agit de terrasser l'ennemi ; tandis que l'autre est beaucoup plus avantageuse quand il ne s'agit pas et ne peut s'agir de ce résultat. Suivant les habitudes existantes, on pourrait dire que la première méthode est plus militaire, la seconde plus politique. Mais, lorsqu'on se place au point de vue le plus élevé, l'une des deux paraît aussi militaire que l'autre, et chacune d'elles semble rationnelle, pourvu qu'elle convienne aux circonstances. La troisième voie, qui est la plus importante sous le rapport du grand nombre de cas qu'elle comprend, consiste à *fatiguer* l'adversaire [1]. Nous choisissons ce terme non seulement pour désigner l'objet par un seul mot, mais aussi parce qu'il exprime entièrement l'idée et n'est pas aussi figuré qu'il pourrait le paraître au premier coup d'œil. L'idée de la fatigue, amenée par le combat, comprend *un épuisement des forces physiques et de la volonté, graduellement amené par la durée de l'action.*

Or, si nous voulons surpasser l'adversaire dans la durée de la lutte, nous devons nous contenter de résultats aussi petits que possible ; car il est naturel qu'un but considérable exige un déploiement de forces plus grand qu'un but de peu d'importance ; mais le moindre but que nous puissions nous proposer, c'est la *pure résistance*, c'est-à-dire le combat sans intention positive. Cet emploi de nos forces, correspondant à leur plus grande valeur relative, sera le plus propre à assurer le résultat que nous

---

1. On peut citer comme exemple la guerre d'Indépendance espagnole (1808-1814). Après avoir destitué le roi légitime Ferdinand VII (1784-1833) et institué son frère Joseph Bonaparte roi d'Espagne, Napoléon doit faire face au soulèvement du peuple espagnol et des *guerilleros*, ces troupes non régulières qui causaient beaucoup de dommages aux Français en attaquant leurs lignes de communication.

poursuivons. Jusqu'où cette démarche négative pourra-t-elle être poussée ? Évidemment, ce ne sera pas jusqu'à une attitude entièrement passive, car souffrir, ce ne serait pas combattre. La résistance doit être active et détruire assez des forces de l'ennemi pour que celui-ci soit obligé d'abandonner ses projets. Voilà le résultat auquel nous visons dans chaque acte isolé, et c'est ainsi que doit s'entendre la nature négative de notre but.

Sans doute, cette intention négative n'est pas aussi efficace dans son acte partiel que le serait une intention positive dirigée dans le même sens, le résultat étant supposé heureux ; mais la première a précisément l'avantage de réussir plus facilement, ce qui fait qu'elle est plus sûre. Ce qu'elle perd de son effet dans l'acte partiel, elle doit le regagner par le temps, c'est-à-dire par la durée de la lutte. L'intention négative, qui forme la base de la pure défensive, est donc le moyen le plus naturel de surpasser l'adversaire dans la durée de la lutte, c'est-à-dire, comme je le disais, de le fatiguer.

Voilà l'origine de cette différence entre l'*offensive* et la *défensive*, différence qui joue un rôle si important dans tout le domaine de la guerre. Nous ne pouvons pas à présent développer davantage ce point, et nous nous contenterons de faire remarquer que toute la prépondérance et toutes les formes avantageuses de combat qui l'accompagnent peuvent être dérivées de ce but négatif. Il réalise donc cette loi philosophico-dynamique [1] qui existe entre la grandeur et la certitude des résultats ; dans la suite de ce travail, nous reprendrons tout cela avec plus de détails [2].

---

1. De même qu'il y a une loi dynamique de la guerre qui fait alterner tension et repos (voir note 1, p. 31), de même il y a une loi dynamique entre offensive et défensive, et une relation proportionnelle entre ce qui garantit le succès (la défensive) et la « grandeur » de celui-ci.

2. La supériorité de la défensive sur l'attaque dans la guerre est étudiée dans le livre VI (voir note 1, p. 33). La défense est plus avantageuse, car préserver une position est plus facile qu'en conquérir une autre, les temps inemployés par l'attaquant pouvant être utilisés par le défenseur. À cela s'ajoute l'appui spécial que donne le terrain possédé et connu.

Si l'intention négative, ou la concentration de tous les moyens vers la simple résistance, procure une supériorité dans la lutte, cette supériorité peut être assez grande pour *compenser* une prépondérance de force existant chez l'adversaire ; mais alors la *durée* seule de la lutte peut suffire à amener graduellement la dépense de force de l'ennemi à un point tel que sa fin politique ne puisse plus lui servir de compensation, et qu'alors il doive l'abandonner. On voit d'après cela que ce moyen qui consiste à fatiguer l'adversaire comprend le grand nombre des cas où le faible veut résister au puissant.

Frédéric le Grand, dans la guerre de Sept Ans [1], n'aurait jamais pu réussir à renverser la monarchie autrichienne ; et s'il l'avait tenté dans le sens d'un Charles XII [2], il se serait perdu infailliblement. Mais lorsque l'emploi judicieux qu'il fit d'une sage économie de ses forces [3] eut montré pendant sept ans aux puissances coalisées contre lui qu'elles seraient entraînées dans une dépense de moyens bien supérieure à ce qu'elles s'étaient imaginé, elles conclurent la paix [4].

---

L'attaque suppose une plus grande dépense d'efforts et de moyens, elle est plus risquée. Logiquement, la défense est la conduite requise pour la partie faible et l'offensive la remplace quand le rapport de forces s'inverse en sa faveur.

1. Il s'agit du conflit européen qui opposa la Prusse de Frédéric II à l'Autriche, à la Russie et à la France, au sujet de la Silésie, province autrichienne que Frédéric II avait envahie en 1741 dans une politique d'annexion territoriale qui avait déclenché les guerres de Silésie (première guerre, de 1740 à 1742 ; deuxième guerre, de 1744 à 1745 ; troisième guerre, de 1756 à 1763).

2. Charles XII (1682-1718), roi de Suède, mobilisa toutes les ressources de l'État en vue de consolider l'Empire baltique fondé par son père Gustave Adolphe, et se lança dans une politique de conquête à l'Est qui échoua contre Pierre le Grand (1672-1725), tsar de Russie.

3. Clausewitz fait référence à l'année 1760 où, après une série de succès et de revers (défaite de Kunersdorf, 1759), Frédéric II choisit une défensive prudente face aux puissances coalisées contre lui.

4. Selon les historiens, la fin de la guerre de Sept Ans vient de facteurs multiples : rivalités entre généraux français, lassitude de l'opinion française face aux succès maritimes de l'Angleterre alliée de la Prusse, revirement de la Russie à l'égard de Frédéric II.

Nous voyons, d'après cela, qu'à la guerre il y a bien des chemins qui conduisent au but, que chaque cas ne suppose pas le renversement de l'adversaire, enfin que *la destruction des forces militaires de l'ennemi, la conquête de ses provinces, leur simple occupation, leur invasion, les entreprises dirigées immédiatement vers des effets politiques*, et finalement *l'attente passive du choc*[1], sont *autant de moyens* qu'on peut employer, chacun en lui-même, pour vaincre la volonté de l'ennemi, suivant que les circonstances font juger l'un ou l'autre plus efficace. Nous pouvons encore ajouter toute une classe de moyens abrégeant le chemin vers le but, et que nous pourrions appeler des arguments *ad hominem*[2]. Quelle est du reste la branche des relations humaines où l'on ne voit pas ressortir l'influence prépondérante de l'individualité des personnes sur les choses ? Or, à la guerre, où les qualités personnelles des combattants, dans le cabinet et en campagne, jouent un si grand rôle, cette influence ne peut certes pas manquer de se faire sentir. Nous nous contenterons de cette simple indication, car il y aurait de la pédanterie à vouloir ranger en catégories les moyens qui dérivent de ces considérations.

En comptant ceux-là, on peut bien dire que le nombre des sentiers qui conduisent au but s'étend à l'infini.

Pour ne pas estimer au-dessous de leur valeur les divers chemins abrégés qui conduisent au but, et afin de ne pas les prendre pour de rares exceptions, ou regarder comme peu importantes les différences qu'ils produisent dans la conduite de la guerre, on n'a qu'à se représenter la multiplicité des fins politiques qui peuvent causer une guerre. Qu'on mesure d'un coup d'œil la distance qui

---

1. La défensive.
2. Un argument *ad hominem* est un argument par lequel on s'en prend à la personne de son contradicteur en lui opposant ses propres paroles ou ses propres actes. Par analogie, Clausewitz veut dire qu'outre les moyens généraux indiqués pour réaliser le but de la guerre, il en existerait d'autres particuliers, tenant à la nature même du combat et des circonstances.

sépare une guerre d'annihilation, où il s'agit de l'existence politique, et une autre qui est devenue une obligation désagréable par suite d'une alliance forcée ou caduque ! Entre ces deux extrêmes, il existe des degrés innombrables, qu'on voit se produire dans la réalité. Si la théorie en rejetait un seul, elle pourrait aussi bien les supprimer tous, ce qui reviendrait à écarter entièrement le monde réel de son examen.

Voilà ce qui concerne le but à poursuivre à la guerre ; occupons-nous maintenant des moyens.

Les moyens se réduisent à un seul, le *combat*. Aussi variées que soient les formes du combat, quelle que soit sa distance à l'égard de la haine et de l'animosité du pugilat, quel que soit le nombre d'événements qui peuvent s'intercaler et qui ne sont pas le combat, il n'en est pas moins vrai que le concept de guerre implique le *combat comme origine commune* de tout ce qui s'y manifeste.

Il existe une preuve très simple de ce que la chose se passe ainsi, même au milieu de la plus grande complication des combinaisons variées de la réalité : c'est que rien ne se fait à la guerre que par la force combattante ; or, là où l'on emploie cette *force combattante*, c'est-à-dire des *hommes armés*, il faut nécessairement que l'idée du combat serve de fondement.

Ainsi, tout ce qui se rapporte à la force combattante appartient à l'activité militaire, et tout ce qui tient à la levée, à l'entretien et à l'emploi des troupes, s'y rattache.

La levée et l'entretien sont évidemment des moyens, l'emploi en est la fin.

À la guerre, on ne se bat pas d'individu à individu [1] ; c'est un tout composé de nombreuses articulations. Dans

---

1. Clausewitz a pensé la guerre à partir du modèle du duel, mais les conditions concrètes de la guerre (comme l'artillerie) font qu'elle n'est pas un duel entre individus ; même le choc des armées n'est plus un duel au sens propre, car le rapport frontal des troupes n'est pas assimilable à un combat de deux individus en raison des considérations tactiques et stratégiques qui dépassent les soldats qui s'affrontent.

ce grand tout, nous pouvons distinguer des unités de deux espèces : les unes déterminées d'après le *sujet*, les autres d'après l'*objet*. Dans une armée, le nombre des combattants se range en fractions multiples s'agglomérant entre elles pour en former d'autres d'un ordre supérieur. Par conséquent, le combat de chacune de ces dernières forme lui-même une unité plus ou moins distincte. Enfin, le but du combat, c'est-à-dire son *objet*, forme également une unité d'une nouvelle espèce.

Chacune de ces unités qui se diversifient dans la lutte générale a reçu le nom générique d'*engagement*[1].

L'idée d'engagement est au fond de tout emploi des forces militaires ; aussi tout emploi de ces forces se résume-t-il essentiellement dans la coordination d'un certain nombre d'engagements.

Toute activité militaire se rapporte d'une manière médiate ou immédiate au combat. Le soldat est levé, habillé, armé, exercé ; il dort, mange, boit et marche, *uniquement pour combattre en temps et lieu appropriés.*

Ainsi, comme tous les fils moteurs de l'activité militaire aboutissent à l'engagement, nous les saisirons tous en coordonnant les engagements. C'est de cette coordination et de son exécution que partent uniquement les effets ; jamais ils ne résultent immédiatement des conditions qui les précèdent. Maintenant, dans l'engagement, toute l'activité est dirigée vers la destruction de l'adversaire, ou plutôt vers sa mise *hors de combat*[2] ; cela est dans le concept même de l'engagement ; la destruction

_____

1. Clausewitz distingue le combat (*Kampf*) et l'engagement (*Gefecht*) : comme il le dit au chapitre III du livre IV (« L'engagement »), l'engagement est un combat qui vise la destruction ou la défaite de l'ennemi (*Vernichtung oder Überwindung*).
2. Au chapitre III du livre IV (« L'engagement »), Clausewitz précise que cette mise hors de combat de l'adversaire se mesure en termes de pertes humaines (morts), matérielles (canons pris par l'ennemi) et en nombre de prisonniers : l'anéantissement et la mise hors de combat visent à la fois les forces matérielles et le moral ou les forces morales de l'adversaire.

de la force combattante de l'ennemi est donc toujours le moyen pour atteindre le but de l'engagement.

Ce but peut être simplement la destruction de la force ennemie, mais cela n'est pas indispensable ; il peut être tout différent aussi. En effet, ainsi que nous l'avons déjà fait voir, dès que le renversement de l'adversaire n'est pas le moyen unique pour atteindre la fin politique, dès qu'il y a d'autres objets qu'on peut poursuivre comme but de la guerre, il s'ensuit que ces objets peuvent devenir le but d'actes militaires particuliers, et par conséquent aussi des engagements.

Mais ceux des engagements qui, comme actions subordonnées, sont plus spécialement consacrés à la destruction des forces armées de l'ennemi n'ont pas nécessairement cette destruction pour fin immédiate.

Lorsqu'on se représente les articulations multipliées d'une grande force armée, la multitude de circonstances qui influent sur son emploi, on concevra facilement que le combat d'une pareille force doit se décomposer de même en nombreuses fractions diversement subordonnées et combinées. Il peut et il doit donc exister pour ces fractions individuelles une multitude de fins plus ou moins subordonnées, distinctes de la simple destruction des forces ennemies, et qui ne contribuent que d'une façon médiate à un pareil résultat sur une plus grande échelle. Lorsqu'un bataillon reçoit l'ordre de chasser l'ennemi d'une hauteur, d'un pont, etc., la possession de ces objets est en général la fin proprement dite, et la destruction partielle des forces qui est nécessaire pour l'atteindre n'est alors que le moyen ou l'accessoire. Si la démonstration suffit pour déterminer la retraite des forces ennemies, la fin est également atteinte ; mais ce pont, cette hauteur ne sont en général occupés que dans un intérêt d'un ordre supérieur, c'est-à-dire une destruction en grand des forces ennemies. S'il en est déjà ainsi sur un seul champ de bataille, que sera-ce sur tout le théâtre de la guerre, où ce n'est pas une armée seulement qui en combat une autre, mais où des États, des nations, des pays entiers, s'opposent l'un à l'autre ? Ici, le nombre des rapports possibles, et par conséquent celui des combinaisons, augmente, la diversité des dispositions croît, et, à cause de la subordination progressive des résultats, l'intervalle depuis le premier moyen jusqu'à la fin ultime grandit de plus en plus.

Il est donc possible, pour de nombreuses raisons, que l'objectif d'un engagement ne soit pas la destruction de la force ennemie qui est devant nous, mais que cette destruction soit un moyen. Dans tous les cas de cette espèce, il ne s'agit plus de l'accomplissement de la destruction en question, c'est-à-dire de son achèvement ; car l'engagement ne consiste ici qu'à *mesurer* les forces et n'a par lui-même aucune valeur, en dehors de son résultat, c'est-à-dire de son issue.

Dans les cas où les forces sont très inégales, au lieu de les mesurer, il suffit de les comparer. Dans ces cas, l'engagement n'a pas lieu et le plus faible se retire.

L'objectif des combats n'est donc pas toujours la destruction des forces qui y sont engagées, et il peut souvent même être atteint sans que l'engagement ait eu lieu, par le seul aspect des forces en présence et les relations qui en résultent. Cela explique comment des campagnes entières ont pu être dirigées avec une grande activité, sans que l'engagement réel y ait joué un rôle notable [1].

L'histoire de la guerre fournit cent exemples de ce fait. Quant à la question de savoir combien de fois le choix de la décision non sanglante était rationnel, c'est-à-dire *sans contradiction interne*, et jusqu'à quel point certaines réputations que cela concerne pourraient supporter l'examen de la critique, c'est ce que nous n'examinerons

---

1. Clausewitz ne se contredit pas en faisant de l'engagement le cœur de la guerre tout en affirmant qu'une guerre peut être remportée sans engagement réel. Il critique à la fois l'idée d'une guerre sans engagement et l'idée d'une guerre réduite à la bataille générale. La destruction des forces peut être obtenue sans destruction physique de l'adversaire, mais le but n'est pas d'éviter le plus possible toute confrontation directe avec l'ennemi.

pas. Notre but n'a été que de faire voir la *possibilité* d'une telle marche des événements.

Nous n'avons qu'*un seul* moyen à la guerre, c'est l'*engagement*. Mais, vu la diversité de son emploi, ce moyen nous conduit dans l'infinité des embranchements qui conviennent à la diversité des fins ; notre théorie ne paraît donc avoir rien gagné. Mais il n'en est pas ainsi, car, de cette unité du moyen, il part un fil qui s'insinue dans toute l'étendue du réseau de l'activité militaire, y maintient l'ensemble et en facilite l'examen.

Nous avons considéré la destruction de la force armée de l'ennemi comme l'une des fins qu'on peut poursuivre à la guerre, et nous n'avons pas examiné son importance relativement aux autres. Dans les cas particuliers, cette importance dépendra des circonstances. En général, nous avons laissé cette valeur indéterminée : maintenant nous y sommes ramené, et nous allons apprendre à apprécier l'importance qui lui revient nécessairement.

À l'engagement seul appartient l'efficacité à la guerre. Dans l'engagement, la destruction de la force opposée est le moyen dirigé vers la fin, même quand l'engagement ne se réalise pas ; car alors la décision est basée sur la supposition que cette destruction était considérée comme indubitable. D'après cela, la destruction de la force armée de l'ennemi est à la guerre la base de toute action, le point de départ primitif de toutes les combinaisons, lesquelles s'y appuient comme la voûte sur ses arcs-boutants. Ainsi, toute action a lieu d'après la supposition que si la décision par les armes qui lui sert de base doit se réaliser, elle sera *favorable*. La décision par les armes, dans toutes les opérations de guerre, grandes ou petites, c'est le paiement comptant dans les transactions commerciales. Quelque rares que soient ces versements, ils ne manquent jamais d'être effectués entièrement.

Si la décision par les armes est la base de toute combinaison, il s'ensuit que l'adversaire *peut rendre toute combinaison inefficace par une décision favorable des armes*.

Cela s'applique non seulement à celle sur laquelle reposait notre combinaison, mais aussi à toute autre, pourvu qu'elle soit suffisamment importante ; car toute décision de quelque importance par les armes (c'est-à-dire toute destruction de forces ennemies) réagit sur les précédentes, parce qu'elles tendent au niveau comme les liquides.

La destruction de la force armée de l'ennemi se présente donc toujours comme le moyen prépondérant et le plus efficace, devant lequel tout autre doit céder.

Il va sans dire qu'en attachant une importance supérieure à la destruction des forces armées de l'ennemi, nous avons supposé l'égalité parfaite de toutes les autres conditions. On se tromperait donc grossièrement si on en concluait qu'en s'élançant aveuglément en avant, on remporterait toujours la victoire sur l'habileté et la circonspection. En s'élançant maladroitement, on fait détruire sa propre force armée, non celle de l'ennemi : ce n'est donc pas cela que nous avons entendu dire. L'efficacité n'appartient pas au *moyen*, mais à la *fin*, et nous avons seulement comparé l'effet d'un fin atteinte avec celui d'une autre.

En parlant de la destruction des forces de l'ennemi, nous devons faire une remarque essentielle, c'est que rien ne nous oblige à borner ce concept à la force physique seule, mais que nécessairement la force morale doit y être comprise. En effet, ces deux forces sont combinées jusque dans les moindres particules de l'ensemble, et ne peuvent aucunement être disjointes [1]. C'est là-dessus qu'est fondée l'influence inévitable d'un grand acte de destruction (une grande victoire) sur tous les autres combats ; car l'élément moral qui est d'une fluidité parfaite, si l'on ose s'exprimer ainsi, se répand avec la plus grande facilité sur tous les actes partiels. La valeur prépondérante que possède la destruction des forces de l'ennemi à l'égard de tous les autres moyens est contrebalancée par le prix

---

1. Voir note 1, p. 38.

qu'elle coûte et le danger qui l'accompagne ; et c'est là ce que l'on veut éviter lorsqu'on cherche d'autres voies.

Que le moyen soit coûteux, c'est ce qu'il est facile de concevoir ; car notre propre dépense de force, toutes choses égales d'ailleurs, est d'autant plus grande que nous visons davantage à la destruction de celles de l'ennemi [1].

Le danger de ce moyen consiste en ce que c'est précisément la grande efficacité que nous recherchons qui, en cas d'insuccès, retombe sur nous, d'où résultent des suites plus désavantageuses.

Les autres voies sont donc moins dispendieuses en cas de succès, et moins dangereuses en cas d'insuccès ; mais cela repose sur la condition essentielle qu'elles soient dirigées vers les semblables, c'est-à-dire que l'ennemi suive les mêmes voies ; car si celui-ci préférait celle des grandes décisions par les armes, *par là même notre choix deviendrait le sien contre notre volonté*. Tout reposera donc alors sur l'issue de l'acte d'anéantissement ; or, toutes choses égales, nous devons avoir le désavantage suivant les probabilités, puisque nos desseins et nos moyens ont été en partie dirigés vers d'autres objets, à l'opposé de ce que l'ennemi a fait. Deux fins différentes dont l'une ne fait pas partie de l'autre s'excluent, et par conséquent une force employée pour l'une ne peut servir à l'autre simultanément. Si donc l'un des belligérants est résolu à suivre la voie de la grande décision par les armes, il a déjà une grande probabilité de succès pour lui, aussitôt qu'il est sûr que son adversaire ne veut pas suivre cette voie, mais s'attache à un autre objectif. Par conséquent, quiconque se propose un objectif différent n'agit d'une manière rationnelle qu'en admettant que son

---

1. On retrouve le principe de l'action réciproque : qui fait subir un coût à l'ennemi subit lui aussi un contrecoup et un coût militaire et moral, et inversement. Le coût en hommes et en matériel peut en outre être aggravé par le contrecoup moral si jamais la tentative contre l'ennemi se révèle peu concluante, voire un échec.

adversaire ne cherche pas plus que lui-même les grandes décisions par les armes.

Mais ce que nous avons dit ici d'une direction divergente des forces et des desseins ne se rapporte qu'aux *fins positives* qu'on peut se proposer à la guerre, en dehors de la destruction des forces ennemies. Cela ne s'applique nullement à la *pure résistance* [1], qu'on choisit dans le dessein d'épuiser la force de l'ennemi. La résistance pure et simple ne suppose aucun but *positif*, et par conséquent elle ne peut amener la diversion de nos forces vers d'autres objets, vu qu'elle ne les destine qu'à neutraliser les desseins de l'ennemi.

Ici, nous avons à examiner l'inverse de la destruction des forces de l'ennemi, c'est-à-dire la conservation des nôtres. Ces deux résultats sont toujours poursuivis simultanément, parce qu'ils se servent mutuellement de complément ; ils sont parties intégrantes du même dessein, et nous n'avons qu'à voir quel est l'effet produit par la prépondérance de l'un ou de l'autre. Les efforts pour détruire la force ennemie supposent la fin positive, et mènent au résultat positif, dont l'objectif final serait la mise hors de combat de l'adversaire. La conservation de nos propres forces armées suppose la fin négative, conduit à la neutralisation du dessein de l'ennemi, c'est-à-dire à la résistance pure, dont l'objectif final ne peut être autre chose que la prolongation de l'action, afin qu'elle épuise l'adversaire.

L'effort vers la fin positive donne l'existence à l'acte d'annihilation ; celui vers la fin négative suppose l'attente de cet acte [2].

Jusqu'où convient-il de prolonger l'attente, c'est ce que nous examinerons plus à fond dans la théorie de l'attaque et de la défense, dont nous venons de rencontrer de nouveau l'origine. Nous nous contenterons de faire

---

1. Voir note 1, p. 18.
2. La défensive est analysée par Clausewitz dans le livre VI (voir note 1, p. 33) et l'attaque est à l'état d'ébauche au livre VII.

remarquer, pour le moment, que l'attente ne doit pas devenir un état purement passif, et que dans les actions qui s'y rattachent la destruction des forces armées de l'ennemi engagées dans les conflits éventuels peut aussi bien constituer le but que tout autre objet. Il y aurait donc une grande erreur de principe à croire que l'effort négatif doive exclure l'objectif de détruire la force armée de l'ennemi et fasse préférer une décision non sanglante. La prépondérance de l'effort négatif peut bien produire ce résultat ; mais alors il y a danger dans la question de savoir si c'est la voie la plus convenable qu'on suit, ce qui dépend de conditions tout autres, qui ne résident pas en nous-mêmes mais tiennent à l'ennemi. La voie non sanglante ne peut donc pas être regardée comme le moyen naturel de satisfaire notre vif désir de conserver nos propres forces. Si, au contraire, la voie choisie ne répondait pas aux circonstances, la destruction complète de nos forces pourrait en résulter. Bien des chefs d'armée ont couru à leur perte en commettant cette erreur. Le seul effet nécessaire qui doit résulter de la préférence de l'effort négatif doit être suspensif de la décision. Ainsi, le défenseur se réfugiera, pour ainsi dire, dans l'attente des instants décisifs [1]. La suite de cette résolution est ordinairement l'*éloignement de l'action dans le temps*, et si l'espace s'y rapporte, l'action s'y déplacera également, autant que les circonstances le permettent. À l'instant où cela ne peut plus se prolonger sans désavantage marqué, l'utilité de l'effort négatif doit être considérée comme épuisée, et dès lors revient, inchangé, l'effort tendant à la destruction des forces ennemies, qu'un contrepoids avait suspendu mais qui n'a jamais été abandonné.

Nous avons vu, par les considérations qui précèdent, qu'à la guerre il existe beaucoup de chemins qui mènent

---

1. Dans l'attente des instants décisifs pour agir, pour passer à l'offensive. La défensive doit être pensée en relation avec l'offensive et non pas être prise comme une position valable en soi, abstraction faite du déroulement de la guerre.

au même résultat, c'est-à-dire à la réalisation de la fin politique, mais que l'unique moyen c'est l'engagement, ce qui fait que tout relève d'une loi suprême, la *décision par les armes*. Nous avons vu aussi que, quand on l'exige réellement de l'adversaire, celui-ci ne peut refuser cette décision ; que par conséquent quiconque veut suivre une voie différente doit être sûr que son adversaire ne préférera pas recourir à l'épreuve sanglante ; sinon il s'expose à perdre son procès devant cette juridiction suprême. Nous avons vu enfin, qu'en un mot, parmi toutes les fins qu'on peut se proposer à la guerre, la destruction de la force armée ennemie domine toujours toutes les autres.

Par la suite nous verrons progressivement à quoi peuvent servir des combinaisons d'un autre genre. Nous nous bornons pour le moment à en reconnaître la *possibilité*, comme terme moyen entre la réalité et le concept, comme modification réclamée par la diversité des situations. Mais nous ne devons pas négliger de faire ressortir dès à présent le *dénouement sanglant de la crise*, l'effort vers la destruction de la force ennemie, comme premier fruit de la guerre. Des fins politiques peu importantes, des motifs faibles, une tension peu énergique des forces, peuvent engager un chef d'armée circonspect à chercher adroitement, tout en évitant les grandes crises et les résolutions sanglantes, tous les sentiers qui lui permettent de se glisser jusqu'au résultat, à travers les faiblesses individuelles de son adversaire en campagne et dans le cabinet ; nous ne pouvons l'en blâmer, si les suppositions sont bien motivées et donnent droit au résultat. Cependant, nous devons toujours exiger de lui de ne point perdre de vue qu'il marche dans des sentiers de contrebande où le génie guerrier peut venir le surprendre, et qu'il ne doit pas oublier d'avoir constamment un œil sur son adversaire, afin que si ce dernier se décide brusquement à saisir le glaive tranchant, on puisse lui opposer autre chose qu'un fleuret moucheté.

Ces résultats portant sur ce qu'est la guerre, le mode d'action de la fin et du moyen, la manière dont la guerre s'éloigne plus ou moins graduellement de son concept rigoureux, dans les modifications de la réalité, oscillant entre les extrêmes, mais restant toujours subordonnée à ce concept rigoureux, comme à une loi suprême, tout cela, nous devrons sans cesse l'avoir présent à l'esprit lorsque nous examinerons les faits qui se produiront dans la suite. Autrement, nous nous exposerions à ne pas bien comprendre les vrais rapports ni la signification intime de ces faits, par conséquent à nous trouver en contradiction flagrante avec la réalité ainsi qu'avec nous-mêmes.

# Chapitre III

## LE GÉNIE GUERRIER

Chaque activité spéciale, pour être exercée avec une certaine distinction, a besoin de dispositions particulières de l'entendement et de l'âme. Lorsque ces dispositions se distinguent à un haut degré et se manifestent par des succès éclatants, extraordinaires, l'esprit auquel elles appartiennent est désigné par le nom de *génie*[1].

Nous n'ignorons pas que ce mot est employé avec des significations très diverses, tant en étendue qu'en spécialité, et que dans plusieurs de ces significations il est très difficile de démêler ce que c'est que le génie ; mais nous

---

1. Comme l'indique Kant au paragraphe 46 de la *Critique de la faculté de juger* (*Œuvres philosophiques III*, éd. sous la direction de Ferdinand Alquié, 1985, p. 1089), le génie est « le talent (le don naturel) qui permet de donner à l'art ses règles. [...] [C'est] la disposition innée de l'esprit (*ingenium*) par le truchement de laquelle la nature donne à l'art ses règles ». Parler de génie dans le cas de la guerre signifie non pas *esthétiser la guerre* – il ne s'agit pas de parler de la guerre comme l'un des beaux-arts, à l'instar de Thomas De Quincey (1785-1859) dans *De l'assassinat considéré comme un des beaux-arts* (1854) – mais de la rattacher à un être doué de qualités morales et intellectuelles hors du commun. Toutes les connaissances issues de l'histoire, toute l'expérience du terrain, sans parler du perfectionnement technique des armes, ne sont rien sans le génie guerrier. Contrairement au romantisme qui fait du génie (artistique) le médiateur entre les hommes et l'Absolu, le génie guerrier est pris ici dans son acception la plus limitée : c'est uniquement le génie à la guerre. Ce génie représente une intensification de l'existence mais, comme le montre le chapitre I du livre I, Clausewitz n'idéalise pas pour autant la guerre : par-delà sa finalité politique, il voit en elle l'occasion d'exercer les plus nobles vertus de l'homme.

ne nous présentons ni comme philosophe [1] ni comme grammairien, et on nous permettra de nous en tenir à une signification consacrée par l'usage de la langue et d'entendre par le mot *génie* une force d'esprit très intense, dirigée vers certaines branches de l'activité humaine.

Arrêtons-nous un instant devant cette faculté et cette dignité de l'esprit, afin de justifier plus complètement la définition et de mieux développer l'étendue du concept ; car nous ne pouvons pas considérer le *génie* proprement dit, caractérisé par un talent très supérieur, dans toute sa généralité indéterminée ; nous devons surtout examiner ici les forces de l'âme qui se concentrent sur la guerre, et dont l'ensemble constituera pour nous l'*essence du génie guerrier*. Nous disons la *concentration* des forces, car c'est par là que se distingue le génie guerrier. Il ne consiste pas en une seule de ces forces, le courage par exemple, tandis que d'autres facultés de l'entendement ou du cœur manqueraient, ou auraient une direction inutile à la guerre. *Les facultés doivent être concentrées et en harmonie* [2] ; l'une ou l'autre peut prédominer, mais aucune ne doit être divergente.

Si chaque combattant devait être plus ou moins animé du génie guerrier, nos armées seraient très petites. En effet, puisqu'on entend par génie une direction *spéciale*

---

1. Clausewitz n'est pas un philosophe de profession, ce qui n'enlève rien à l'originalité de sa démarche. Il a décontenancé les militaires qui voyaient en lui un esprit trop abstrait, spéculatif, et les philosophes qui pouvaient être tentés d'y voir un militaire égaré dans la philosophie. Cette originalité vient du livre I, où Clausewitz construit son objet, anticipant les thèses fondamentales de l'épistémologie moderne, pour laquelle l'objet d'une connaissance rationnelle n'est pas tiré de l'expérience mais construit, produit par la pensée qui cherche à dégager la structure d'un domaine réel déterminé.

2. De même que l'engagement suppose une concentration des forces (voir *supra*, p. 60-61), de même le génie guerrier suppose une concentration de toutes les facultés morales et intellectuelles, ce qui interdit de faire du courage la qualité principale du génie guerrier.

des forces de l'âme, il doit être rare chez les peuples où les forces sont attirées et développées dans des sens très divers. Le génie guerrier sera d'autant plus répandu chez une nation que l'activité de celle-ci sera disséminée dans des directions diverses moins nombreuses, et que celle qui se rapporte à la guerre y sera plus développée. Mais cela ne concerne que l'étendue, la fréquence de ce génie, non sa hauteur, car cette dernière propriété dépend du développement intellectuel général de la nation. Ainsi, si nous considérons un peuple primitif et belliqueux, nous y voyons l'esprit guerrier beaucoup plus commun chez l'individu que parmi les nations civilisées. Dans le premier cas, presque chaque guerrier le possède ; dans le second, toute une masse d'hommes n'est entraînée à la guerre que par la nécessité, et nullement par l'inclination. Mais chez les peuples non civilisés, on ne rencontre jamais un grand général proprement dit, et très rarement ce qu'on pourrait appeler un génie guerrier, parce que cela suppose un *développement intellectuel général du peuple* [1]. On comprendra facilement que les peuples civilisés peuvent aussi renfermer des tendances plus ou moins développées dans le sens de la guerre, et plus elles le sont, plus on trouvera fréquemment dans leurs armées l'esprit de la guerre, même chez les individus. Comme cela coïncide dans ce cas avec le degré supérieur de culture intellectuelle, on voit toujours ces nations accomplir les plus brillants faits de guerre. Les Romains et les Français en sont des exemples. Mais les plus grands noms de ces nations, et de toutes les autres devenues célèbres par la guerre, appartiennent aux époques d'une civilisation déjà avancée.

Cela nous fait déjà pressentir combien doit être grande la part des forces intellectuelles dans ce qui constitue le génie guerrier supérieur. Nous allons maintenant l'analyser plus en détail.

---

1. Voir note 1, p. 13.

La guerre est le domaine du danger ; donc le *courage* est avant tout la première qualité de l'homme de guerre.

Le courage [1] est de deux genres : il y a le courage physique ou le courage devant le danger personnel, et le courage moral ou le courage qu'il faut vis-à-vis de la responsabilité, soit envers un pouvoir extérieur, soit envers la conscience. Il n'est question ici que du premier genre.

Le courage face au danger personnel est aussi de deux espèces ; il peut consister en premier lieu dans l'indifférence pour le danger, résultant soit de l'organisation individuelle, soit du mépris de la vie, soit de l'habitude. En tout cas, il doit être regardé comme une *qualité* permanente, normale.

En second lieu, le courage peut résulter de motifs positifs, tels que le point d'honneur, l'amour de la patrie,

---

1. Clausewitz distingue au chapitre v du livre III (« De la stratégie en général ») la bravoure et la *vertu guerrière* de l'armée : le courage est une disposition naturelle de l'homme alors que la vertu guerrière suppose l'obéissance, l'ordre, la règle, bref un *esprit de corps* qui s'acquiert à la guerre (garder les positions sous le feu, supporter les plus cruelles privations, etc.). La vertu guerrière d'une armée a deux sources : une série de guerres et de victoires et l'épreuve d'une armée poussée dans ses derniers retranchements. « La vertu militaire est distincte de la bravoure, et encore plus de l'enthousiasme pour la cause de la guerre. Il est vrai que la bravoure forme partie intégrante de la vertu militaire. Mais la bravoure, qui chez le premier venu est un don de la nature, peut, chez le soldat, comme élément d'une armée, résulter aussi de l'habitude et de l'expérience. De même, il faut que chez le soldat la bravoure ait une autre direction que chez l'homme isolé. Elle doit perdre le penchant à l'initiative et à l'exercice irréfréné de la force, penchant qui lui est propre chez l'individu. Elle doit même subir des conditions d'un ordre supérieur en se subordonnant à l'obéissance, à l'ordre, à la règle et à la méthode. L'enthousiasme pour la cause donne à la vertu militaire d'une armée un caractère plus vivace, plus ardent ; mais il n'en fait pas partie intégrante, c'est-à-dire nécessaire. [...] L'individu qui possède la vertu militaire est pénétré de l'esprit et de l'essence de son état. Il exerce, réveille et s'assimile les forces qui doivent y jouer un rôle. Il pénètre avec son intelligence l'ensemble de sa profession. Il y acquiert de l'assurance et de la facilité au moyen de la pratique. Il s'y voue en entier, et d'homme il se fait agent dans le rôle assigné » (*De la guerre, op. cit.*, p. 139-140).

l'enthousiasme, de quelque espèce qu'il soit. Dans ce cas, la bravoure n'est pas une qualité permanente mais une émotion, un sentiment.

On conçoit que les deux espèces de courage produisent des effets différents. Celle du premier genre est plus sûre, parce qu'elle est une seconde nature et ne quitte jamais l'homme. Celle de la seconde espèce conduit souvent plus loin. La première se rapproche plus de la fermeté ; la seconde, de la hardiesse. La première laisse plus de liberté à l'entendement, la seconde l'éclaire quelquefois, mais l'éblouit souvent.

*Les deux espèces réunies constituent le courage parfait.*

La guerre est aussi le domaine des fatigues et des souffrances physiques. Pour ne pas y succomber, il faut que l'homme possède une certaine vigueur de corps et d'âme, naturelle ou acquise, qui l'y rende indifférent. Avec ces qualités, l'homme, conduit par le simple bon sens, est déjà un bon instrument de guerre [1], et ce sont ces qualités que nous trouvons si généralement répandues chez les peuples barbares ou à demi civilisés.

Si nous allons plus loin dans les conditions que la guerre impose à ceux qui s'y vouent, nous trouvons que les *forces intellectuelles* doivent être prépondérantes [2]. L'incertitude joue un grand rôle à la guerre. Les trois quarts des choses sur lesquelles on s'y fonde pour agir sont plongées dans le brouillard plus ou moins épais de

---

1. Ce qui vaut du tout vaut des parties : la guerre est un instrument au service de la politique et le soldat est lui aussi un instrument qui ne peut être efficace que s'il est capable de résister à la fatigue. Résister à la fatigue par l'habitude, résister à l'attaque par la défensive, et résister à l'incertitude et à tout ce qui paralyse la décision pour le général, voilà autant de conditions indispensables pour faire la guerre.

2. La prépondérance des forces intellectuelles ne vient pas seulement des responsabilités qui incombent à ceux qui font la guerre à cause de la division du travail entre la structure de commandement et les exécutants (sous-officiers et soldats du rang). Elle tient aussi aux conditions confuses où se déroule la guerre (absence d'informations précises, rôle du hasard, etc.), ce qui rend encore plus difficile la prise de décision dans l'urgence.

l'incertitude. C'est là ce qui rend si nécessaire beaucoup de pénétration de l'intelligence ; car il faut arriver à l'intuition de la vérité par le travail interne du jugement.

Une intelligence ordinaire peut une fois par hasard rencontrer la vérité ; un courage extraordinaire peut réparer l'inconvénient de l'avoir manquée ; mais, dans la majeure partie des cas, le résultat moyen fera ressortir le vice de l'infériorité de l'intelligence.

Le hasard joue encore un grand rôle à la guerre. Il n'y a pas une branche de l'activité humaine qui doive réserver autant de place pour l'imprévu que la guerre, parce que aucune n'est autant qu'elle en contact permanent avec le hasard dans toutes les directions. Il augmente la variabilité des circonstances et trouble la marche des événements.

L'incertitude de tous les renseignements, le vague des conjectures, les interventions continuelles du hasard font que celui qui agit à la guerre trouve constamment les choses autres qu'il ne les avait prévues. Il est impossible que cela n'influe pas sur son plan, ou du moins sur les idées qui se rattachent à ce plan. Si cette influence est assez grande pour annuler les résolutions arrêtées, il faut, en général, que ces résolutions soient remplacées par d'autres ; or il manque souvent des données suffisantes pour en prendre de nouvelles dans l'instant utile. En effet, dans le cours des opérations, les circonstances exigent presque toujours une prompte détermination, et ne laissent pas le temps d'examiner à nouveau l'ensemble de la situation ni de se livrer à de mûres délibérations. Mais il arrive plus fréquemment que la rectification de nos prévisions et la connaissance d'accidents intervenus ne suffisent pas pour détruire nos résolutions, mais bien pour les rendre chancelantes. La connaissance des faits s'est agrandie mais l'incertitude sur la conduite à tenir s'en est accrue, au lieu d'en être diminuée. Cela provient de ce que la connaissance des faits nouveaux n'arrive pas simultanément mais successivement ; que, par conséquent, nos résolutions ne cessent d'en être assaillies, ce qui force l'esprit à rester pour ainsi dire constamment sur le qui-vive.

Pour que l'esprit sorte vainqueur de cette lutte incessante contre l'imprévu, il a besoin de deux qualités, c'est-à-dire : *d'une intelligence qui, même au milieu de l'obscurité intense qui l'environne, conserve quelques traces de la lumière intérieure qui doit la conduire au vrai, et ensuite du courage de suivre cette faible lueur.*

La première de ces qualités a été désignée de façon figurée par l'expression *coup d'œil*[1] ; la seconde est la *résolution.*

Les engagements ont, dans la guerre, d'abord et le plus souvent attiré l'attention ; l'espace et le temps y sont des éléments d'une haute importance ; ils l'étaient surtout à l'époque où la cavalerie, avec ses rapides décisions, formait la force principale des armées[2] ; la notion de *décision prompte et efficace* fut donc associée d'abord à l'estimation des deux éléments ci-dessus, ce qui lui a fait consacrer cette expression qui ne se rapporte rigoureusement qu'à la justesse de la vue dans l'estimation des dimensions. Beaucoup de professeurs de l'art de la guerre ont donc défini le coup d'œil en y attachant cette signification restreinte[3]. Mais on ne peut pas méconnaître que

---

1. En français dans le texte.
2. Clausewitz, qui a participé à des campagnes militaires, n'évoque pas la bataille navale, ce qui constitue une limite de sa pensée. Napoléon voyait avec plus de finesse que Clausewitz ce qui distingue le général de mer et le général de terre (voir Bruno Colson, *Napoléon et la guerre*, Perrin, 2011, p. 69-70) : par exemple le général de mer dépend plus de ses capitaines de vaisseaux que le général de terre, car il n'a d'influence directe que sur les hommes de son propre vaisseau.
3. Selon Frédéric II, le coup d'œil est formé du « talent de juger sur-le-champ le nombre de troupes que peut contenir un terrain » et du talent « supérieur » qui est « celui de juger dès le premier moment de tous les avantages que l'on peut tirer du terrain », ce qui suppose la connaissance des règles de la fortification » (*Principes généraux de la guerre*, art. VII). Pour Clausewitz, c'est une définition trop restrictive parce qu'elle est limitée à un aspect technique de la guerre – comme si le *génie militaire* pouvait être le véritable *génie guerrier*. Le *génie militaire* est l'art de la construction des ouvrages militaires et la technique de maintien de l'infrastructure de communication.

bientôt toutes les bonnes résolutions prises à l'instant de l'exécution ont été attribuées au coup d'œil, entre autres le choix du vrai point d'attaque, etc. Il ne s'agit donc pas simplement de l'œil physique, mais bien plus encore de la vue mentale quand on parle du coup d'œil. Naturellement, l'expression et la chose qu'elle désigne appartiennent plus spécialement à la tactique. Cependant, elles ne peuvent manquer totalement à la stratégie, parce que celle-ci suppose aussi fréquemment de promptes résolutions. Si on dépouille l'idée de ce que l'expression lui communique de trop figuré et de trop restreint, elle signifie la perception vive d'une vérité, qui n'est aucunement apparente à la vue ordinaire de l'esprit, ou ne peut le devenir que par suite de considérations et de réflexions prolongées.

La *résolution* est, dans le cas isolé, un acte de courage, et quand elle constitue un trait de caractère, elle est une habitude de l'âme. Mais ici il ne s'agit pas de la bravoure, c'est-à-dire du courage envers le danger physique, mais du courage envers la responsabilité ou le danger moral. On l'a souvent nommé *courage d'esprit* [1] parce qu'il vient de l'entendement ; cependant, il n'est pourtant pas un acte de l'entendement mais du tempérament [2]. L'entendement seul n'implique pas le courage, car nous voyons souvent les hommes les plus remarquables par leur intelligence manquer de résolution. L'entendement doit donc réveiller le sentiment du courage, et en être soutenu et guidé, parce que sous la pression du moment les sentiments ont plus d'action sur l'homme que la pensée.

Nous avons assigné à la résolution le rôle d'éloigner les tourments du doute, les dangers de l'hésitation dans les cas d'insuffisance de motifs. Il est vrai que l'usage peu scrupuleux du langage applique la même expression à

---

1. En français dans le texte.
2. L'entendement (*Verstand*) est une faculté intellectuelle, alors que le tempérament (*Gemüt*) a une dimension psychophysique qui englobe la personnalité (voir note 2, p. 85).

la propension à risquer, à l'audace, à la hardiesse, à la
témérité [1]. Mais lorsque l'homme a des motifs suffisants,
subjectifs ou objectifs, valables ou faux, il n'y a aucune
raison pour parler de résolution ; car en le faisant nous
nous mettons à sa place, et nous jetons dans la balance
des doutes qui n'ont nullement existé chez lui. Il ne s'agit
donc ici que de force ou de faiblesse. Nous ne sommes
pas assez pédants pour vouloir redresser l'usage de la
langue, et notre observation ne doit servir qu'à écarter
de fausses objections.

Or cette résolution, tranchant les cas douteux, ne peut
être excitée que par l'entendement, et même par une
orientation spécifique de celui-ci. Nous prétendons que
la réunion simple de capacités supérieures et des sentiments nécessaires ne produit pas encore la résolution. Il
est des personnes qui possèdent la plus grande clarté de
jugement pour résoudre les questions les plus ardues, qui
ne manquent pas non plus de courage pour prendre
beaucoup sur elles, et qui pourtant, dans les cas difficiles,
ne parviennent pas à une résolution. Leur courage et leur
sagacité restent à part, ne se réunissent pas et ne peuvent
par conséquent engendrer la résolution. Celle-ci ne naît
que de l'*acte* de l'entendement qui constate la nécessité
de risquer, et qui détermine ainsi la volonté. C'est la
direction spéciale de l'entendement – domptant dans
l'homme toute crainte quelconque, par la crainte plus
forte de l'*irrésolution* et de l'*hésitation* – qui développe la
résolution dans les âmes fortes ; c'est pourquoi des
hommes peu intelligents ne peuvent être résolus dans le

---

1. La résolution telle que l'entend Clausewitz n'est pas un décision-
nisme pur par lequel le général se jetterait à corps perdu dans une
entreprise dont il n'aurait pas mesuré les risques. La résolution n'est
pas seulement la détermination et la constance à suivre ce qui a été
décidé, mais la vertu qui consiste à s'engager dans une action dont tous
les paramètres ne sont pas maîtrisés. Entre la paralysie due aux scru-
pules excessifs du général et l'audace, la résolution est un courage spécifique face à la lourde responsabilité de choisir (le moment de la bataille,
le fait de verser le sang, etc.).

sens que nous avons attaché à cette expression. Ils peuvent agir sans hésitation dans les cas difficiles, mais alors ils le font *avec irréflexion*, et il est naturel que celui qui agit d'une manière irréfléchie ne soit pas tiraillé par le doute. Celui qui agit sans réfléchir peut assurément ne pas être tiraillé par le doute, mais nous devons dire ici, comme nous l'avons dit plus haut, que c'est par la *moyenne des résultats* que se manifeste le génie guerrier. Si quelqu'un trouvait notre assertion étrange parce qu'il pourrait citer maint officier de hussards très résolu mais n'ayant nulle prétention à être un profond penseur, nous lui rappellerions qu'il n'est question ici que d'une direction spéciale de l'entendement, et non d'une grande force de méditation.

Nous croyons donc que la résolution doit son existence à une direction spéciale de l'entendement. De plus, elle nous paraît plus propre aux têtes fortes qu'aux esprits brillants. À l'appui de cette origine de la résolution, nous pouvons encore citer ce fait, qu'il existe un grand nombre d'exemples d'hommes qui, ayant montré dans les rangs inférieurs la plus grande résolution, l'ont perdue dans les positions supérieures. Ils sentent le besoin de prendre un parti, mais ils connaissent aussi le danger que renferme une *décision erronée* ; et comme ils ne sont pas familiarisés avec les choses qu'ils ont à conduire, leur entendement perd son ancienne force, et ils deviennent d'autant plus timides qu'ils connaissent mieux le danger de l'irrésolution dans laquelle ils se sentent enfermés, et qu'ils étaient antérieurement plus habitués à agir vivement et sans hésiter.

À propos du *coup d'œil* et de la résolution, nous arrivons naturellement à parler de la *présence d'esprit* qui leur est congénère. Dans un milieu plein d'imprévu comme l'est la guerre, cette qualité doit jouer un grand rôle car elle mène à une domination supérieure de l'imprévu. De même qu'on applaudit la présence d'esprit dans une repartie heureuse, de même on l'admire dans l'expédient improvisé devant un danger subit. Ni la réponse ni l'expédient n'ont besoin pour cela d'être extra-ordinaires ; il suffit qu'ils touchent juste. Ce qui n'aurait rien d'extraordinaire après une calme et mûre réflexion, et ne produirait par conséquent qu'une impression médiocre, peut plaire beaucoup lorsque c'est un acte rapide de l'entendement. L'expression *présence d'esprit* indique avec bonheur la proximité et la promptitude du secours offert par l'entendement.

Cette magnifique qualité vient-elle plus de la particularité de l'entendement de l'homme qui la possède ou de l'équilibre de son tempérament ? C'est ce qui dépend de la nature des cas, bien que les deux conditions soient toujours nécessaires à la fois. La repartie heureuse est plutôt le fait d'une tête spirituelle ; l'expédient efficace dans le danger subit suppose l'équilibre du tempérament.

Si nous jetons maintenant un coup d'œil d'ensemble sur les quatre éléments dont se compose l'atmosphère dans laquelle se meut la guerre, c'est-à-dire le *danger*, l'*effort physique*, l'*incertitude* et le *hasard*, nous concevrons facilement qu'il faille une grande force d'âme et d'intelligence pour s'avancer sûrement et avec succès dans ce milieu résistant. Cette force, suivant les diverses modifications qu'elle emprunte aux circonstances, prend dans la bouche des narrateurs d'événements militaires et des rédacteurs de rapports les noms d'*énergie*, de *fermeté*, de *constance*, de *force d'âme* ou de *caractère*. Toutes ces manifestations d'une nature héroïque peuvent être considérées comme une seule et même force de la volonté, se modifiant suivant les circonstances ; mais, quelque intimes que soient les rapports de famille de ces diverses formes, elles présentent pourtant des différences, et nous sommes intéressés à pousser encore un peu plus loin l'analyse du jeu des forces de l'âme qui les produit [1].

---

1. La résistance durable de l'ennemi risque de produire une résistance, une réticence des soldats à suivre leur général. Le général affronte deux résistances : la résistance extérieure de l'ennemi et la résistance intérieure de ses propres troupes dont le moral pourrait baisser en cas de revers.

D'abord, il est nécessaire à la clarté des concepts de dire ici que le poids, le fardeau, la résistance – peu importe le nom – qui provoque l'action de cette force de l'âme se compose pour la moindre part de l'*action immédiate de l'ennemi*, soit qu'il *résiste*, soit qu'il opère *offensivement*. L'influence immédiate de l'activité de l'ennemi sur celui qui commande ne se rapporte d'abord qu'à sa personne, sans toucher à ses fonctions de chef. Si l'ennemi résiste quatre heures au lieu de deux, la personne du chef est exposée au danger pendant quatre heures au lieu de deux ; or cela est évidemment une grandeur dont l'importance diminue à mesure que la position du chef s'élève. Dans le rôle du général en chef, on peut dire que cette influence est nulle [1].

En second lieu, la résistance agit *immédiatement* sur le chef par la perte des moyens que lui cause une lutte prolongée et par la responsabilité qui s'y rattache. Voilà les considérations pleines de soucis qui commencent à provoquer et à éprouver sa force de volonté. Mais nous prétendons que cela est encore loin de constituer la plus lourde charge qu'il doit supporter, car il n'a en définitive qu'à en prendre son parti. Tous les autres effets de la résistance de l'ennemi sont dirigés contre les combattants qu'il commande, et, *par eux, réagissent sur lui*.

Aussi longtemps qu'une troupe combat de bon cœur et gaiement, il est rare que le chef ait besoin de déployer

---

1. Clausewitz remplace une psychologie du génie guerrier et de son charisme par une analyse des interactions qui concernent l'armée, les soldats et le général dans une situation réelle de confrontation avec l'ennemi. Le moral affecté de ses troupes face à la résistance de l'ennemi peut agir sur le moral du général en chef, et c'est à ce moment précis que la force de volonté devient indispensable. Le général est aussi un homme, et comme tel il n'est pas insensible au coût humain de la bataille, aux pertes humaines ; or c'est par son intelligence que le général peut rétablir l'équilibre et empêcher une réaction émotionnelle dangereuse si elle se communiquait au reste de l'armée. L'action en retour du général n'est pas d'être affecté par les souffrances de ses hommes mais de redonner du courage à ceux-ci en résistant à la pente naturelle de l'homme qui est de fuir le danger et la mort, fût-ce au prix de la honte.

une forte volonté dans la poursuite de ses desseins. Mais lorsque les circonstances deviennent difficiles – et cela ne peut manquer d'arriver lorsqu'il s'agit de grands résultats –, la chose ne va plus spontanément comme une machine bien graissée, car la machine elle-même commence à résister ; c'est pour vaincre cette résistance que le chef a besoin de force de volonté. Par *cette résistance*, on ne doit pas entendre précisément la désobéissance et la réplique, quoique cela se présente individuellement assez souvent ; mais ce qu'il faut comprendre par là, c'est l'impression collective de toutes les forces physiques et morales qui s'épuisent graduellement, c'est l'aspect navrant des victimes sanglantes. Cette sensation, le chef doit la combattre en lui-même et chez tous ceux qui font arriver jusqu'à lui, d'une manière directe ou indirecte, leurs impressions, leurs sentiments, leurs alarmes et leurs désirs. À mesure que les forces des individus s'épuisent, à mesure qu'ils ne sont plus soutenus et animés par leur propre volonté, toute l'inertie de la masse commence à peser sur la volonté du chef. C'est au feu qui brûle dans son sein, à la lumière de son intelligence, que la multitude doit raviver son ardeur, rallumer son espoir. Voilà de quoi le chef doit être capable ; sinon il ne domine pas la masse et n'en restera pas maître. Lorsque son influence cesse, lorsque son propre courage n'est plus assez fort pour ranimer celui de tous les autres, la masse elle-même l'attire à elle dans les régions inférieures de la nature animale, qui a le danger en horreur et ne connaît pas la honte. Voilà les pressions que le courage et la force d'âme du chef doivent vaincre dans le combat, s'il veut réaliser des succès signalés. Elles croissent avec les masses et, par conséquent, les forces du chef, pour rester proportionnées au fardeau, doivent croître proportionnellement avec son grade.

L'*énergie* d'une action exprime la force du motif qui a déterminé cette action, que ce motif ait son origine dans une décision du jugement ou dans un mouvement du cœur. Ce dernier, toutefois, ne peut guère manquer lorsqu'une grande force doit se manifester.

De toutes les grandes émotions qui agitent le cœur humain dans le tumulte de la guerre, aucune, nous l'avouerons, n'est aussi puissante et aussi constante que l'aspiration de l'âme vers la gloire et l'honneur. La langue allemande la traite injustement en la réduisant à deux idées accessoires indignes : *Ehrgeiz*, l'« ambition », et *Ruhmsucht*, la « gloriole ». Quoique l'abus de cet orgueilleux penchant puisse avoir dans la guerre l'inconvénient d'infliger à l'humanité de grandes injustices et de grandes calamités, il n'en est pas moins vrai que, d'après son origine, c'est une des plus nobles tendances de la nature humaine. À la guerre elle forme réellement le souffle de vie qui anime ces corps énormes qu'on appelle armées. Tous les autres sentiments, quoiqu'ils puissent s'étendre plus généralement, et quoiqu'ils puissent en partie paraître placés plus haut, tels que l'amour de la patrie, le fanatisme des idées, la vengeance, l'enthousiasme de quelque espèce qu'il soit, ne peuvent remplacer entièrement l'amour de l'honneur et de la gloire. Les autres sentiments, que nous venons d'énumérer en partie, peuvent bien exciter et exalter la masse en général, mais ils seront hors d'état d'inspirer au chef le désir de vouloir plus que ses compagnons ; or, cela forme une condition essentielle de sa position, s'il doit y accomplir de grands résultats. L'amour de l'honneur fait que le chef s'identifie avec les résultats, ils deviennent sa propriété, et le but est dès lors de les utiliser pour le mieux : il laboure avec effort et sème avec soin pour récolter en abondance. Mais ces tendances des chefs, depuis le plus élevé jusqu'au plus infime, cette espèce d'industrie, cette émulation, ce stimulant, sont précisément ce qui anime et fait fructifier l'activité d'une armée. Quant à ce qui concerne le chef le plus élevé de tous, nous nous demanderons simplement : y a-t-il jamais eu un grand capitaine indifférent à l'honneur ? Son existence est-elle seulement concevable ?

Par *fermeté*, on désigne la résistance de la volonté, relativement à la violence d'un seul assaut ; la *constance* se rapporte davantage à la durée de cette résistance.

Quoique les deux idées se rapprochent beaucoup, et que l'une de ces expressions soit souvent employée pour l'autre, il y a néanmoins une différence sensible dans la signification ; car la fermeté, en résistant à une seule impression violente, peut s'appuyer sur la force d'un sentiment, tandis que la constance doit être déjà plus soutenue par le jugement ; car, plus une action dure, plus elle devient systématique, et c'est en cela que la constance puise une partie de sa force.

Passons maintenant à la *force de caractère* ou *d'âme*. La première question qui se présente, c'est de savoir ce que nous devons entendre par là.

Évidemment, ce n'est pas une manifestation véhémente des sentiments, ce n'est pas non plus l'emportement de la passion, cela serait en opposition avec l'usage de la langue ; mais c'est le pouvoir de continuer à obéir à la raison, sous l'influence des plus fortes émotions, au milieu de la plus violente tempête des passions. Cette faculté dépendrait-elle purement de la force de l'entendement ? Nous en doutons. Il est vrai que l'existence d'hommes d'une intelligence remarquable, et qui ne sont pas maîtres d'eux-mêmes, ne prouve pas encore le contraire ; car on pourrait dire que ce pouvoir appartient à une espèce d'intelligence plus forte que vaste. Mais nous pensons approcher plus de la vérité en admettant que cette force de se soumettre à la raison malgré la plus violente émotion, et que nous nommerons la *faculté de se commander*, a son origine dans le tempérament même. C'est un nouveau sentiment qui, dans les âmes fortes, fait équilibre aux passions excitées, sans les détruire, et qui, au moyen de cet équilibre, assure le dessus à l'intelligence. Ce contrepoids des passions n'est autre chose que le sentiment de la dignité de l'homme ; c'est cette noble fierté, ce besoin intime qu'a l'âme d'*agir partout en être doué d'intelligence et de raison* [1]. Nous pouvons donc dire aussi que l'âme forte est celle *qui conserve son équilibre malgré les plus violentes émotions.*

Si nous jetons un regard sur la différence qu'on remarque dans les hommes sous le rapport du caractère, nous distinguerons d'abord ceux qui sont peu excitables, et qu'on qualifie de flegmatiques ou indolents ; – ensuite nous trouvons ceux qui sont très excitables, mais dont les émotions ne dépassent jamais une certaine force ; nous les connaissons comme des hommes sensibles mais tranquilles ; – viennent ensuite ceux qui sont très irritables, dont les sentiments s'enflamment vivement et violemment comme la poudre, mais sans être durables ; ce sont les hommes impétueux et bouillants ; – en quatrième lieu enfin viennent ceux que de faibles incitations ne parviennent pas à émouvoir, et qui, en général, ne s'émeuvent pas brusquement, mais graduellement, quoique leurs sentiments acquièrent une grande force, et soient beaucoup plus durables. Ce sont là les hommes à passions latentes, mais *énergiques* et profondes [2].

---

1. On retrouve le thème de l'équilibre : de même que la théorie de la guerre suppose un équilibre entre les trois centres d'attraction que sont le peuple, l'armée et le gouvernement (voir note 3, p. 46), de même la faculté de se commander forme un équilibre avec les autres passions en faisant un contrepoids. Le lieu commun moral de la maîtrise de soi reprend ainsi tout son sens.

2. Dans ce paragraphe et par la suite, Clausewitz fait référence à la caractérologie hippocratique reliant les quatre humeurs (flegme, bile noire, bile jaune, sang), aux qualités des quatre éléments (chaud, sec, froid et humide) et aux caractères psychologiques (sanguin, colérique, mélancolique, flegmatique) selon la correspondance suivante : caractère sanguin (prédominance du sang, chaud + humide) ; caractère colérique (prédominance de la bile jaune, chaud + sec) ; caractère mélancolique (prédominance de la bile noire, froid + sec) ; caractère flegmatique (prédominance du flegme, froid + humide). Normalement, on distingue le *tempérament* qui renvoie à la constitution corporelle et le *caractère* qui renvoie à ce que le sujet fait de lui-même (Kant, *Anthropologie d'un point de vue pragmatique*, trad. Alain Renaut, GF-Flammarion, 1993, p. 262 pour le tempérament, p. 270 pour le caractère), mais ici Clausewitz a une perspective globale : le tempérament (*Gemüt*) désigne la totalité où la dimension naturelle (le tempérament) peut être subordon-

Ces différences de constitutions morales ont probablement des rapports intimes avec les *forces physiques* répandues dans l'organisme humain, et appartiennent à cet organe amphibie, le système nerveux, paraissant d'un côté se rattacher à la matière, et de l'autre s'affilier à l'esprit. Devant cette région mystérieuse notre faible philosophie s'arrête : il importe seulement de ne pas passer outre sans examiner l'effet que ces divers caractères produisent dans la sphère de la guerre, et jusqu'à quel point on peut en attendre une grande force d'âme.

Les hommes indolents ne se laissent pas facilement pousser hors d'équilibre, mais on ne peut naturellement pas conclure qu'il y a de la force d'âme là où manque toute manifestation de force. Toutefois, il faut reconnaître que ces hommes possèdent une certaine valeur partielle à la guerre, précisément à cause de leur calme imperturbable. Le motif positif de l'action, l'impulsion, leur manque souvent, et par suite l'activité, mais ils ne gâtent pas facilement quelque chose.

La spécialité de ceux de la seconde espèce consiste en ce que de faibles motifs les excitent à agir, tandis que les grands événements les écrasent facilement. Les hommes de cette espèce seront alertes et actifs pour aider un malheureux isolé, mais le malheur de toute une nation ne parvient qu'à les attrister, sans pouvoir les déterminer à l'action. À la guerre, ces hommes ne manqueront ni d'activité ni de calme, mais ils ne feront rien de grand, à moins qu'une grande force intellectuelle ne leur en fournisse les motifs suffisants ; il est rare cependant qu'une intelligence très forte et indépendante se trouve alliée à de tels tempéraments.

Les caractères bouillants, inflammables ne valent pas grand-chose dans la vie pratique en général, et par conséquent non plus à la guerre. Ils ont, il est vrai, le mérite des *fortes impulsions* ; mais celles-ci ne se soutiennent pas.

---

née à la volonté et à l'intelligence ; ce terme englobe à la fois le tempérament et le caractère.

Toutefois, lorsque la sensibilité de ces hommes prend la direction de la bravoure et du point d'honneur, elle devient souvent très utile à la guerre, dans les emplois subalternes ; car l'acte militaire commandé par un chef subalterne est de peu de durée en général ; un seul élan courageux, un bouillonnement des forces de l'âme y sont d'ordinaire très suffisants : une charge hardie, un cri d'entraînement n'exigent que quelques instants, tandis qu'une bataille courageusement disputée est l'œuvre d'une journée ; une campagne, l'œuvre d'une année.

La rapidité torrentueuse des sentiments chez ces hommes irritables leur rend doublement difficile la conservation de leur équilibre intérieur ; c'est pour cela qu'ils perdent souvent la tête, et c'est là leur plus mauvais côté à la guerre. Il serait cependant contraire à l'expérience d'affirmer que les caractères très irritables *ne peuvent jamais* être forts, c'est-à-dire conserver leur équilibre au milieu de leur plus forte émotion. Pourquoi le sentiment de la dignité personnelle n'existerait-il pas chez eux, puisqu'ils appartiennent, en général, aux natures d'élite ? Ce sentiment leur manque rarement, seulement il n'a pas le temps de faire son effet. Après un emportement passionné, ces hommes en ressentent généralement une profonde humiliation. Mais lorsque l'éducation, l'observation d'eux-mêmes et l'expérience de la vie leur ont tôt ou tard enseigné les moyens d'être en garde contre eux-mêmes pour pouvoir, à l'instant d'une émotion vive, se rappeler à temps le contrepoids qui repose dans leur sein, ils deviennent également susceptibles d'une grande force d'âme.

Enfin, les hommes qui ne s'émeuvent pas facilement mais profondément, qui sont aux premiers ce que le métal incandescent est à la flamme, sont les plus propres à faire mouvoir, à l'aide de leur force de géants, ces énormes masses par lesquelles nous pouvons nous représenter au figuré les difficultés du commandement à la guerre. L'effet de leurs sentiments ressemble au mouvement des grandes masses, qui, quoique d'une faible vitesse, est irrésistible. Bien que de pareils hommes ne soient pas, aussi facilement que les précédents, surpris par leurs émotions et exposés à l'humiliation d'un entraînement, il serait cependant contraire aussi à l'expérience de croire qu'ils ne peuvent perdre l'équilibre ni être subjugués par la passion aveugle. Cela leur arrivera même chaque fois que la noble ambition de se commander leur manquera ou sera insuffisante. Nous en voyons des exemples fréquents dans les hommes supérieurs des peuples barbares, où l'insuffisance du développement intellectuel favorise toujours l'empire de la passion. Même chez les peuples civilisés, et dans leurs classes les plus civilisées, la vie est pleine de ces scènes où l'on voit des hommes emportés par les passions fougueuses, comme les braconniers du Moyen Âge attachés sur des cerfs lancés dans la forêt.

Nous le répétons : une âme forte n'est pas celle qui est seulement susceptible de fortes émotions, mais bien celle qui conserve son équilibre malgré les plus fortes émotions, de sorte que, nonobstant la tempête renfermée dans leur sein, l'intelligence et la conviction conservent toute la délicatesse de leur jeu, semblables à l'aiguille de la boussole sur le navire ballotté par une mer furieuse [1].

Le terme « force de caractère », ou simplement « caractère », désigne le ferme maintien de la conviction, que cette conviction soit le résultat d'un examen personnel ou qu'elle vienne du dehors, qu'elle appartienne à des principes, à des vues, à des inspirations instantanées, ou à toute autre émanation de l'intelligence. Mais *cette fermeté* ne peut naturellement pas se faire connaître, lorsque la manière de voir change elle-même fréquemment. Ce changement fréquent n'est pas dû nécessairement à une

---

1. Au chapitre VI, Clausewitz prendra l'image traditionnelle du rocher pour souligner la maîtrise de soi exigée au milieu des dangers et des incertitudes de la guerre ; ici, c'est l'image de la boussole qui continue d'indiquer la bonne direction malgré la mer démontée (voir note 2, p. 109).

influence externe ; il peut être le résultat d'un travail interne et continu de l'intelligence ; il est vrai que, dans ce cas, il doit faire conclure qu'il y a là une incertitude remarquable de cette intelligence. Évidemment on ne dira pas d'un homme qu'*il a du caractère* lorsque cet homme changera à chaque instant sa manière de voir, quand même les motifs de ces changements résideraient exclusivement en lui-même. On n'accorde cette qualification qu'aux hommes dont la conviction est *très constante*, soit qu'étant profondément motivée et très claire cette conviction se trouve par elle-même moins susceptible de variation, soit que, comme chez les gens indolents, l'activité de l'intelligence, et par conséquent le motif du changement, manquent, ou enfin, qu'un acte formel de la volonté, fondé sur une maxime régulatrice admise par le jugement, interdise jusqu'à un certain point la variation des opinions.

À la guerre, les nombreuses et fortes impressions que l'âme reçoit, l'incertitude de tout savoir et de tout entendre multiplient plus que dans toute autre branche de l'activité humaine les causes qui font dévier un homme de sa direction primitive, et le portent à douter de lui-même et des autres.

L'aspect navrant des périls et des douleurs communique facilement au sentiment une prépondérance sur la conviction intellectuelle, et le crépuscule dans lequel tout paraît rend si difficile le discernement clair et profond, que les changements de conviction en deviennent plus faciles à expliquer et plus excusables. Ce n'est jamais qu'une intuition, un pressentiment de la vérité sur lequel on se fonde pour agir. C'est pourquoi la diversité d'opinion n'est nulle part aussi grande qu'à la guerre, et la conviction y est toujours en butte à un torrent d'impressions sans cesse renouvelées. Le plus grand flegme peut à peine en garantir le jugement, parce que les impressions sont vives et fortes, et toutes dirigées vers le tempérament.

Ce ne sont que les maximes et les vues générales, dirigeant l'action d'un point de vue *supérieur*, qui peuvent procéder d'un discernement clair et profond, et ce sont elles qui servent, pour ainsi dire, d'ancrage à l'opinion en suspens devant les cas particuliers. Mais la difficulté consiste à maintenir ces résultats de la méditation antérieure au milieu du courant des opinions et des choses actuelles. Entre le cas particulier et le principe, il existe souvent une grande lacune, qu'on n'est pas toujours en état de franchir au moyen d'une chaîne perceptible de conclusions ; quelque foi en soi-même est alors nécessaire, et un certain degré de scepticisme devient salutaire. On ne peut souvent se protéger dans ces cas que par une maxime impérative, indépendante du fond de la pensée, mais qui la domine ; cette maxime est que, *dans tous les cas douteux, il faut persister dans sa première opinion, et n'y renoncer que lorsqu'on y est forcé par une conviction claire.* Il faut être ferme dans sa croyance à la vérité supérieure de principes une fois éprouvés, et la *vivacité* des apparences du moment ne doit pas faire oublier que leur vérité est d'un ordre inférieur. C'est ce privilège, que dans les cas douteux nous accordons à nos convictions antérieures, c'est cette persévérance dans leur maintien, qui peut seule communiquer à nos actions cette consistance, cette suite, qui appartiennent au caractère.

Il est facile de concevoir combien l'équilibre de l'âme est favorable à la force du caractère ; c'est pourquoi les hommes qui possèdent une grande force d'âme jouissent la plupart du temps de beaucoup de caractère.

La force de caractère nous conduit à une forme abâtardie de la même souche : l'*opiniâtreté*.

Il est souvent très difficile de juger dans un cas donné où cesse le caractère et où commence l'opiniâtreté. Quant à la différence de l'idée, elle est facile à déterminer.

L'opiniâtreté n'est pas un *vice de l'intelligence* ; nous désignons par cette expression la résistance aux conseils d'un meilleur discernement. On ne peut donc, sans se contredire, en placer le siège dans l'intelligence qui est le pouvoir de discerner. L'opiniâtreté est donc *un défaut du tempérament.* Cette inflexibilité de la volonté, cette irritabilité devant les objections, ne peuvent être attribuées qu'à une espèce d'*égoïsme*, qui place au-dessus de toutes choses le *plaisir de faire dominer sur lui-même et sur les autres sa propre pensée, à l'exclusion de toute autre.* Nous l'appellerions une espèce de vanité, si ce n'était pas quelque chose de meilleur. La vanité se contente de l'apparence, tandis que l'opiniâtreté veut la jouissance de la chose.

Nous dirons, d'après cela, que la force de caractère dégénère en opiniâtreté du moment où la résistance à une conviction étrangère ne provient plus de la confiance dans un principe supérieur, mais qu'elle procède d'un *sentiment de répugnance.* Si cette définition, ainsi que nous l'avons déjà admis, ne nous sert pas à grand-chose dans la pratique, elle empêchera du moins de considérer l'opiniâtreté comme une *simple exagération* de la force de caractère, tandis qu'elle en est essentiellement différente. Il est vrai que l'une est en contact immédiat avec l'autre, que leurs limites sont communes ; mais l'une est si loin de n'être que l'exagération de l'autre, qu'il y a même des hommes très opiniâtres qui ont peu de caractère, faute de jugement.

Après avoir examiné ces qualités du grand capitaine [1] dues aux facultés combinées de l'intelligence et du tempérament, nous arrivons à une spécialité de talent militaire qui peut être considérée comme la plus active, sinon la plus importante, et qui dépend exclusivement des facultés de l'esprit. Son utilité se fonde sur les rapports qui existent nécessairement entre la guerre et le terrain.

Ces rapports existent *nécessairement*, à tel point qu'il est impossible de concevoir un acte militaire de nos

---

1. Le courage, le coup d'œil, la résolution, la présence d'esprit, l'énergie, la fermeté, la persévérance, la force de caractère. À ces qualités, Clausewitz ajoute immédiatement l'imagination et le sentiment du terrain.

armées régulières, si ce n'est dans un espace déterminé.
De plus, ils sont de l'*importance la plus décisive* parce
qu'ils modifient, et changent même parfois complètement
les effets de toutes les forces. Enfin, d'un côté ils commu-
niquent souvent de l'influence aux *détails les plus
minimes du terrain*, tandis que de l'autre ils en embrassent
les *étendues les plus considérables*.

Cette dépendance entre la guerre et les localités communique aux opérations militaires un haut degré de spécialité. Si nous nous représentons les autres branches de
l'activité humaine qui sont en rapport avec le même
objet, tels que l'horticulture, l'agriculture, les construc-
tions, les travaux hydrauliques, l'art des mines, la chasse,
l'art du forestier, nous les voyons toutes limitées à des
étendues de terrain très médiocres, et qui sont faciles à
explorer en peu de temps avec une précision suffisante.
Mais le chef de guerre doit soumettre son action à
l'espace, son partenaire, espace que sa vue ne peut
embrasser, que le zèle le plus actif ne suffit pas toujours
à explorer, et avec lequel il a rarement le temps de se
familiariser, à cause des changements de lieu continuels.
Il est vrai que l'adversaire est en général dans le même
cas ; mais la difficulté, quoique commune, n'en est pas
moindre pour cela, et celui qui sait s'en rendre maître à
force de talents et de travail se ménage un grand avantage. D'un autre côté le partage égal de la difficulté
n'existe qu'en général ; dans beaucoup de cas particuliers
l'une des parties belligérantes (ordinairement celle qui est
sur la défensive) a beaucoup plus de notions concernant
les localités que l'autre.

Cette difficulté toute spéciale doit être vaincue au
moyen d'une aptitude particulière de l'esprit, qu'on peut
désigner par l'expression, un peu restreinte, de *sens de
l'orientation*. C'est la faculté de *concevoir promptement la
forme géométrique réelle de chaque terrain*, et par suite de
s'y reconnaître toujours facilement. C'est évidemment là

un acte de l'imagination [1]. Il est vrai que la perception de l'image a lieu en partie par l'intermédiaire de l'œil physique et en partie par l'intelligence. Celle-ci complète les lacunes et reconstitue un tout au moyen des fragments visibles, en s'aidant de notions puisées dans la science et dans l'expérience. Mais, pour que l'ensemble se présente nettement à l'âme, forme une image, une véritable carte topographique [2], pour que cette image soit permanente et qu'elle ne se divise plus en fragments, *il faut l'intervention de cette faculté de l'esprit qu'on a nommée imagination.*

---

1. À l'article VI des *Principes généraux de la guerre* consacré à la connaissance du terrain, Frédéric II indique que ce qui fait un bon général, c'est l'étude de la carte géographique du pays où on doit faire la guerre (mémorisation du nom des grandes villes, des rivières, des montagnes). Clausewitz insiste sur l'*imagination* comme faculté permettant de former un tout à partir de perceptions multiples et fragmentaires, alors que Frédéric II insiste sur la *mémoire*, même si Clausewitz remet en cause la distinction tranchée entre mémoire et imagination.

2. Il convient de rappeler ici que les Allemands et les Prussiens ont vu, bien plus tôt que les Français, l'importance de la topographie militaire : « En Allemagne, la géographie militaire fait l'objet d'intérêt particulier et ses spécialistes se montrent parmi les plus actifs jusqu'à la veille de la Grande Guerre. Dès 1816, un service géographique est organisé au sein de l'état-major général et comprend trois sections (cartographie, topographie et trigonométrie), chargées d'approfondir les connaissances liées au terrain. Tout au long du XIX^e siècle, les publications se multiplient et servent les visions de l'État pour la réalisation du *Mitteleuropa* et la préparation d'un affrontement éventuel avec la France. La *militär Geographie* représente alors une discipline reconnue. En France, en revanche, la géographie militaire connaît peu d'engouement. Jusqu'à la guerre franco-allemande de 1870-1871, seul Théophile Lavallée se consacre à la réalisation d'une géographie militaire destinée à inspirer plusieurs générations d'officiers. [...] L'absence d'une école de géographie militaire témoigne finalement de la faible importance accordée à la géographie dans la culture militaire. La place de la carte d'état-major au sein de ce courant de pensée apparaît alors très secondaire » (Philippe Boulanger, « La carte d'état-major au service de la géographie militaire [début du XIX^e siècle-1939] », *Stratégique*, vol. 82-83, 2003 ; en ligne http://www.institut-strategie.fr/Strat8283-10.htm ; voir la partie : « La guerre de 1870-1871, révélatrice des retards de la culture géographique militaire »).

Si un poète ou un peintre de génie se formalise de ce que nous attribuons à leur divinité des fonctions aussi modestes, s'il n'accorde qu'un sourire de pitié à l'idée qu'un garde-chasse adroit puisse posséder une imagination distinguée, nous admettons volontiers qu'il ne s'agit ici que d'un emploi très restreint de l'imagination, d'un service très vulgaire ; mais quelque modeste que soit ici son rôle, cette force naturelle peut seule le remplir. Sans imagination il serait impossible de se représenter à l'esprit les objets dans leurs rapports de formes, avec une clarté comparable à la vue directe. Certes, une bonne mémoire contribue beaucoup à ce résultat, c'est ce que nous ne nierons pas. Mais la mémoire est-elle une force distincte de l'âme ? ou bien est-ce précisément cette faculté de se représenter les formes, qui fixe mieux la mémoire en ce qui concerne cet objet ? c'est ce que nous ne déciderons pas. Du reste, il est difficile, sous bien des rapports, de concevoir ces deux facultés comme séparées.

L'exercice et l'étude contribuent beaucoup à développer la faculté de juger la configuration du terrain. Puységur[1], le célèbre chef d'état-major du fameux Luxembourg[2], dit qu'il n'avait pas d'abord bonne opinion de lui-même sous ce rapport, parce que, quand il devait aller trop loin pour prendre le mot d'ordre, il se trompait toujours de chemin.

Il est naturel que les applications de ce talent s'étendent aussi avec l'élévation des grades. Le hussard et le chasseur qui conduisent une patrouille ne doivent pas être embarrassés de trouver leur chemin, il leur suffit

---

1. Jacques François de Chastenet, marquis de Puységur (1655-1743). Officier au régiment du roi, nommé maréchal de France en 1734, il devint un expert dans la science des marches et des camps. Il laissa la copie d'un *Art de la guerre par principes et par règles*, que son fils publia en 1748.

2. François Henri de Montmorency-Bouteville, duc de Luxembourg (1628-1695). Familier du Grand Condé, il s'illustra pendant la guerre de Hollande (1672-1678). Il fut fait commandant en chef de l'armée française en 1672, puis maréchal de France le 30 juillet 1675.

pour cela de points de repère peu nombreux, d'une faculté d'observation et de représentation très restreinte ; le chef d'une armée, au contraire, doit s'élever jusqu'aux caractères géographiques généraux d'une province et d'un pays, avoir nettement empreinte dans la mémoire la direction des routes, des fleuves et des montagnes, et tout cela sans pouvoir se passer du sentiment du terrain dans son acception la plus restreinte. Il est vrai qu'en ce qui concerne les objets généraux, il s'aide de renseignements de tout genre, de cartes, de livres et de mémoires, et que, pour les choses de détail, il a son entourage ; mais, néanmoins, il demeure constant que s'il possède un talent prononcé pour saisir promptement et clairement la configuration des lieux, cette circonstance donnera plus d'aplomb à toute sa conduire en le débarrassant d'entraves intérieures et en le rendant plus indépendant des autres.

Cette faculté doit, comme nous l'avons dit, être attribuée à l'imagination ; mais c'est là aussi le seul service que rend à la guerre cette puissance capricieuse ; sous d'autres rapports, son action serait plus funeste qu'utile.

Nous pensons avoir passé en revue les diverses manifestations de l'esprit et de l'âme que la guerre demande à la nature humaine : partout la coopération de l'intelligence nous apparaît comme essentielle, et c'est ce qui explique pourquoi des gens qui ne sont pas doués de forces intellectuelles remarquables n'obtiennent pas des succès distingués dans la conduite de la guerre, qui en apparence est si simple et si peu complexe.

Cela compris, on ne sera plus obligé de regarder comme un grand effort de génie l'action de tourner une position ennemie, chose si naturelle et si souvent répétée, non plus que cent autres combinaisons analogues.

Il est vrai qu'on s'est habitué à considérer le militaire vaillant, mais simple, comme l'opposé d'une tête méditative, ingénieuse ou riche en idées, et en général d'un esprit brillant par les ornements intellectuels de toute espèce.

L'antithèse ne manque pas tout à fait de justesse ; seulement il n'en découle pas que la valeur du militaire ne consiste que dans son courage, et qu'il ne faille pas une aptitude et une vigueur intellectuelle spéciales pour n'être que ce qu'on appelle une bonne épée. Nous sommes conduits à rappeler de nouveau que rien n'est plus ordinaire que l'exemple d'hommes perdant leur activité dès qu'ils arrivent dans les positions supérieures, auxquelles leurs moyens intellectuels ne sont plus proportionnés ; toutefois, il ne faut pas oublier que nous entendons parler de hautes positions et de résultats capitaux, de ceux qui procurent la renommée dans la carrière à laquelle ils se rapportent. Chaque degré de la hiérarchie forme donc à la guerre une zone distincte de capacités nécessaires, de gloire et d'honneur.

Il existe un intervalle énorme entre le chef suprême, c'est-à-dire le généralissime qui conduit toute une guerre ou qui commande en chef sur un théâtre de guerre, et le chef du degré immédiatement inférieur. La raison en est que ce dernier est subordonné à une surveillance et à une direction bien plus médiates, d'où résulte que sa sphère d'activité est beaucoup plus restreinte.

Voilà pourquoi l'opinion vulgaire ne veut voir un emploi distingué de l'intelligence que dans les fonctions suprêmes, et suppose que le jugement ordinaire suffit pour le reste. On est même assez disposé à remarquer une sorte d'hébétement chez quelques généraux subalternes ayant blanchi sous le harnais, et chez lesquels l'uniformité des occupations a amené une pauvreté évidente dans certaines directions de l'esprit ; tout en honorant leur courage on sourit à leur simplicité. Nous n'avons pas l'intention de conquérir un meilleur sort à ces braves soldats ; cela ne contribuerait en rien à leur influence et peu à leur satisfaction. Nous voulons seulement faire voir les choses telles qu'elles sont, et signaler l'erreur qu'on commettrait en se figurant qu'à la guerre la simple bravoure puisse réaliser des avantages marquants [1].

---

1. La bravoure est un idéal chevaleresque qui, à l'époque de Clausewitz, renvoie à une conception périmée de la guerre. La guerre est un

Si déjà dans les chefs qui occupent les commande-
ments tout à fait inférieurs des forces intellectuelles
remarquables sont nécessaires pour les faire distinguer, et
si ces exigences croissent avec le grade, il va sans dire que
nous nous formons une idée bien plus grande des
hommes qui occupent *glorieusement* la seconde place.
Leur simplicité apparente à côté de l'homme de plume,
de l'homme d'affaires ou de l'homme d'État, ne doit pas
nous induire en erreur sur leur caractère distingué et leur
haute intelligence pratique. Il est vrai qu'il arrive fréquemment que des hommes apportent la gloire acquise
dans le rang inférieur jusque dans les positions supérieures, où elle n'est plus méritée ; si, par suite des circonstances, ils ne sont pas mis à l'épreuve dans ces dernières
positions, ils ne sont pas non plus exposés à laisser voir
leurs points faibles. Il résulte de là que le jugement ne
distingue plus exactement quel genre de réputation leur
est dû, et ces hommes contribuent ainsi fréquemment à
donner une idée amoindrie des qualités personnelles, susceptibles de briller dans un certain rang.
  Des succès distingués à la guerre supposent donc un
génie particulier de bas en haut de l'échelle hiérarchique.
La postérité et l'histoire n'attribuent le génie qu'aux
hommes qui ont brillé au premier rang [1], c'est-à-dire aux

---

phénomène qui fait intervenir les masses, et comme telle elle suppose
autre chose que la bravoure, laquelle peut se retrouver parmi les soldats.
  1. Par rapport au culte des grands hommes qui se développe dans
la philosophie de l'histoire au XIXe siècle, Clausewitz a une position
particulière : d'abord, ce sont uniquement des généraux ; ensuite, ils
sont dignes d'admiration pour leur génie et non parce que l'Absolu se
manifesterait par leurs actions. Dans ses leçons sur la philosophie de
l'histoire, Hegel (1770-1831) affirme que les « grands individus historiques, ceux de l'histoire mondiale », réalisent l'universel dans le monde
par leurs passions particulières : cet universel correspond à un moment
du développement de l'Absolu dans l'histoire (*La Philosophie de l'histoire*, « Introduction du cours de 1822-1823 », éd. Myriam Bienenstock,
trad. Myriam Bienenstock, Christophe Bouton, Jean-Michel Buée *et
alii*, Le Livre de Poche, « La Pochothèque », 2009, p. 163-165). Ainsi la
conquête du pouvoir par Jules César n'est pas uniquement une passion
personnelle mais répond à une nécessité rationnelle : renverser la république romaine, qui n'était plus que l'ombre d'elle-même, afin de

généraux en chef. Cela provient de ce que, dans cette haute position, le besoin de facultés puissantes arrive brusquement à son point culminant[1].

Pour conduire à un résultat brillant toute une guerre, ou ses actes principaux que nous nommons *campagnes*, il faut une intelligence profonde des relations politiques des États. La conduite de la guerre et la politique se lient ici, et le général en chef devient homme d'État en même temps.

On n'accorde pas à Charles XII[2] la qualification de grand génie, parce qu'il n'a pas su soumettre l'action de ses armes à la sagesse et à la haute politique, et se procurer ainsi des résultats éclatants. On ne l'accorde pas non plus à Henri IV[3], parce qu'il n'a pas vécu assez

---

produire une nouvelle figure de l'Esprit. On ne trouve rien de similaire chez Clausewitz, qui reste toujours éloigné de la tradition idéaliste.

1. Cette défense du génie du généralissime sera vivement critiquée par Tolstoï (1828-1910) dans son roman *La Guerre et la Paix*, consacré à l'invasion de la Russie par Napoléon et à sa retraite : dans la deuxième partie de l'« Épilogue » (t. II, trad. Boris de Schlœzer, Gallimard, 2002, p. 961-965) Tolstoï s'en prend aux grands hommes, aux généraux, aux hommes politiques, aux personnages éminents de l'histoire à qui on attribue un rôle décisif dans la production des événements historiques. Tolstoï inverse la relation proposée par Clausewitz : plus l'acteur historique est au sommet de la pyramide du commandement, plus il est passif et plus il doit faire croire que tout dépend de lui alors que le nombre de médiations entre l'ordre qu'il donne et la réalité est tel qu'il est impossible de tout contrôler. Ainsi Tolstoï fait dire au prince André Bolkonsky : « Les bons généraux que j'ai connus étaient inintelligents ou distraits. [...] Non seulement un bon chef militaire n'a nul besoin de génie ou de qualités exceptionnelles, mais il doit être au contraire dépourvu des plus hauts, des plus beaux dons de la nature humaine : l'amour, le sens poétique, l'inquiétude, le doute philosophique, la tendresse. [...] Que Dieu le préserve d'être véritablement un homme, d'aimer quelqu'un, d'éprouver de la pitié, de réfléchir à ce qui est juste et injuste. On comprend qu'on ait depuis toujours façonné à leur usage une théorie du génie ; ils sont le Pouvoir » (*ibid.*, t. II, livre III, 1re partie, XI, p. 71-72).

2. Charles XII de Suède, dont Clausewitz critique la politique militaire aventureuse ; voir note 2, p. 57.

3. Henri IV, roi de France (1553-1610), assassiné par Ravaillac. Clausewitz entend par la « haute politique » la politique étrangère.

longtemps pour mettre son activité militaire en rapport avec les intérêts de plusieurs États, et s'essayer dans cette région où un noble cœur et un caractère chevaleresque ne peuvent avoir sur l'adversaire la même influence que dans la réduction des factions.

Pour faire sentir tout ce qui doit être, de ce point de vue élevé de la guerre, embrassé et sainement jugé à la fois par le chef suprême, nous renvoyons à notre premier chapitre [1]. Nous avons dit que le chef devient homme d'État, mais il ne doit pas cesser pour cela de rester général ; d'un côté son regard embrasse l'ensemble des rapports politiques, de l'autre il a la conscience exacte de ce qu'il peut réaliser avec les moyens qu'il a sous la main [2].

Comme la multiplicité et la nature indéterminée de tous les rapports font entrer en considération un grand nombre de grandeurs, et que ces grandeurs ne peuvent, pour la plupart, être estimées que d'après des probabilités, on conçoit que, si le général ne saisissait pas tout cela avec un esprit pressentant partout la vérité, il naîtrait pour lui une complication de considérations et de supputations d'où son jugement ne pourrait jamais sortir vainqueur. C'est dans ce sens que Napoléon a dit avec justesse que « le général en chef doit prendre bien des décisions de nature à donner lieu à des problèmes mathématiques dont la solution ne serait pas au-dessous des forces d'un Newton ou d'un Euler [3] ».

---

1. Voir *supra*, p. 25-27.
2. S'applique au chef de guerre ce qui vaut de la guerre : il est chef de guerre et homme d'État dans la mesure où la guerre est un phénomène militaire et politique comme l'a montré le paragraphe 11 du livre I.
3. Cette citation vient de réflexions de Napoléon sur l'art de la guerre rapportées par le général Charles Tristan, comte de Montholon (1783-1853), l'un des quatre généraux ayant accompagné Napoléon à Sainte-Hélène. Napoléon ironise sur ceux qui croient pouvoir résoudre sur le papier des questions tactiques : « Dogmatiser sur ce que l'on n'a pas pratiqué est l'apanage de l'ignorance : c'est croire résoudre par une formule du deuxième degré un problème de géométrie transcendante qui ferait pâlir Lagrange et Laplace » (*Mémoires pour servir à l'histoire de France, sous Napoléon, écrits à Sainte-Hélène, par les généraux qui ont partagé sa captivité*, t. IX : *Notes et mélanges I*, p. 296). C'est ulté-

Pour que le jeu des forces intellectuelles supérieures puisse remplacer de semblables calculs, il faut que le sens de l'unité et le jugement se réunissent pour former une sorte de vue intérieure, qui observe et élimine au passage mille possibilités plongées dans un demi-jour, sur lesquelles le raisonnement ordinaire s'épuiserait en essayant de les explorer sur toutes leurs faces. Mais ce travail de l'esprit, ce coup d'œil du génie n'obtiendrait pas encore les honneurs de l'histoire, s'il n'était soutenu par les qualités du cœur et du caractère que nous avons examinées.

La simple vérité est chez l'homme un faible motif d'action ; c'est pourquoi il y a une grande différence entre la connaissance et la volonté, entre savoir et pouvoir. L'action reçoit toujours la plus forte impulsion des sentiments, et son soutien le plus ferme consiste dans ces combinaisons de l'esprit et du cœur que nous avons appris à connaître sous les noms de résolution, de fermeté, de constance et de force de caractère.

Si, du reste, cette activité concentrée de cœur et d'esprit du chef ne se manifestait pas par le glorieux résultat de ses travaux et si l'existence n'en était admise que de confiance, elle fournirait rarement un thème à l'histoire.

Ce qui, des événements militaires, parvient à la connaissance du public, est ordinairement très simple, se ressemble toujours, et ce n'est pas d'après les seules narrations qu'on pourra apprendre quelque chose des difficultés qui y ont été vaincues. De temps en temps

---

rieurement que Napoléon cite Euler parmi les savants incapables de mettre en équation une question de tactique (*ibid.*, *Notes et mélanges II*, p. 201-203). Clausewitz, qui avait lu cette édition, modifie les propos rapportés de Napoléon en supprimant tout nom de savant français. Cette citation l'avait tellement marqué qu'il la répète deux autres fois dans son traité, au livre II, chapitre II, et au livre VIII, chapitre III – Isaac Newton (1642-1727), philosophe, savant anglais universellement connu par la publication des *Principia mathematica* et la loi de l'inverse du carré des distances ; Leonhard Euler (1707-1783), mathématicien allemand connu pour ses travaux sur l'analyse infinitésimale.

seulement, quelques-uns des nombreux fils qui constituent tout ce tissu occulte se montrent à la lumière du
jour, soit dans les mémoires des chefs ou de leurs confi-
dents, soit à l'occasion de quelque investigation historique dirigée vers la vérification d'un fait individuel. La
plupart des délibérations et des luttes mentales qui précèdent une opération importante sont celées à dessein
parce qu'elles touchent à des intérêts politiques ou
tombent accidentellement dans l'oubli, parce qu'on les
regarde comme des échafaudages qu'il convient d'enlever
après l'achèvement de l'œuvre.

Enfin, si, sans hasarder une détermination plus précise
des forces supérieures de l'âme, nous voulons encore
admettre une distinction dans la force intellectuelle elle-
même, en nous conformant aux idées reçues telles
qu'elles se sont fixées dans le langage, nous pouvons nous
demander quelle est l'espèce d'intelligence qui appartient
de plus près au génie guerrier. En considérant et l'objet et
l'expérience, nous devons répondre que c'est plutôt aux
esprits qui examinent qu'à ceux qui créent, plutôt à ceux
qui embrassent l'ensemble qu'à ceux qui n'en pour-
suivent qu'une partie et, enfin, plutôt aux têtes froides
qu'aux têtes chaudes que nous voudrions voir confier le
salut de nos frères et de nos enfants, l'honneur et la
sûreté de la patrie.

# Chapitre IV

## DU DANGER À LA GUERRE

Avant d'avoir appris à connaître le danger à la guerre, on s'en fait une idée plutôt riante que formidable. Dans l'ivresse de l'enthousiasme, on fond sur l'ennemi (qui compterait dans ce moment les balles ou ceux qui tombent ?). – On ferme un instant les yeux pour s'élancer dans les bras de la mort, sans savoir qui en reviendra, et tout cela en se voyant à portée du prix magnifique de la victoire, tout près de la palme glorieuse que convoite notre honneur – Ce n'est pas difficile et cela semble encore moins l'être en apparence. Se peut-il que cela soit difficile ? Non, cela ne le sera pas plus en réalité qu'en apparence. Mais de tels moments qui ne sont pas l'œuvre d'un battement de cœur, comme on le croit, sont rares ; on doit les boire comme des potions médicales diluées et altérées par le temps.

Accompagnons le nouveau guerrier sur le champ de bataille [1]. À mesure que nous en approchons, le tonnerre de plus en plus distinct de l'artillerie finit par alterner avec le sifflement des boulets ; cela attire d'abord l'attention du novice. Bientôt des projectiles font jaillir la terre devant et derrière nous. Nous nous hâtons vers la colline

---

1. Ces réflexions font penser au début de *La Chartreuse de Parme* (1839), lorsque Stendhal, au chapitre III du livre I, décrit la surprise de Fabrice del Dongo qui, parti rejoindre le maréchal Ney à Waterloo, se fait une idée romanesque de la guerre et est vite rattrapé par la réalité – chaos, confusion, morts et blessés.

où se tient le général commandant avec une nombreuse suite. Ici les points de chute des boulets et les explosions d'obus sont déjà assez fréquents pour faire paraître quelques traits du sérieux de la vie dans le tableau séduisant que s'est créé une jeune imagination. Soudain une personne connue tombe, un obus s'abat dans le groupe et y provoque des mouvements involontaires ; le jeune homme commence à sentir qu'on n'est plus parfaitement en sûreté ; quoique très brave, il commencera à songer un peu à lui. Maintenant, avançons jusque dans la bataille, qui, jusqu'à présent, s'agite devant nous comme un spectacle, et approchons-nous du premier général de division. Ici viennent boulet sur boulet, et le bruit de notre propre artillerie augmente le tumulte. Poussons jusqu'au général de brigade, d'une bravoure connue. Celui-là se tient derrière un pli de terrain, une maison, un groupe d'arbres ; cela est pour nous un symptôme sûr d'une augmentation d'intensité du danger. Dans toutes les directions, nous entendons le fracas de la mitraille ; sur les toits et dans les champs le sifflement des boulets près de nous, au-dessus de nous, et celui des balles de fusil se mêle au concert. Faisons encore un pas vers les troupes, vers cette brave infanterie qui soutient depuis des heures entières la fusillade avec une constance au-dessus de toute description ; ici l'air est plein de balles sifflantes, annonçant bientôt leur proximité par le son court et sec avec lequel elles passent à deux doigts de l'oreille. Pour combler la mesure, la pitié qu'inspire l'aspect des hommes mutilés et tombants cause des élans douloureux à notre cœur agité.

Le novice ne touchera aucune de ces diverses zones d'intensité du danger sans sentir que la lumière de la pensée s'y meut et s'y réfracte suivant d'autres lois que dans les travaux contemplatifs. Celui-là serait un homme fort extraordinaire qui, au milieu de ces premières impressions, ne perdrait pas la faculté de prendre sur-le-champ une résolution. Il est vrai que l'habitude émousse bientôt ces impressions ; après la première demi-heure, nous commençons à devenir plus indifférents pour tout ce qui nous entoure, l'un plus, l'autre moins ; mais un homme ordinaire ne parvient jamais en cela jusqu'à la tranquillité complète et à l'élasticité naturelle de l'âme. Cela prouve donc encore qu'avec des qualités purement ordinaires, on ne va pas loin à la guerre, et c'est d'autant plus vrai que la sphère d'activité due à la position doit être plus étendue. L'enthousiasme, la bravoure stoïque ou innée, le point d'honneur impératif, ou une longue familiarité avec le danger, il faut beaucoup de tout cela pour que l'action, dans ce milieu où tout est plus résistant, ne reste pas au-dessous de ce qui peut paraître ordinaire lorsqu'on l'étudie à tête reposée, dans une chambre.

Le danger à la guerre appartient à ses frictions ; il est nécessaire d'en avoir une notion juste pour arriver à la vérité de la connaissance, et c'est pourquoi il en a été fait mention ici.

## Chapitre V

# DE L'EFFORT PHYSIQUE
# DANS LA GUERRE

Si personne n'était autorisé à juger les événements militaires qu'à l'instant où, transi de froid ou mourant de soif et de chaleur, il est abattu par les privations et les fatigues, il y aurait, il est vrai, encore moins de jugements objectivement justes, mais ils le seraient du moins subjectivement, c'est-à-dire, ils exprimeraient exactement la relation existant entre l'objet et celui qui l'a jugé. On voit déjà combien cela est exact par les jugements dépréciateurs et même timides et pusillanimes que portent sur le résultat d'une situation fâcheuse ceux qui en sont témoins oculaires ou partie agissante. Que cela nous serve de point de comparaison, de mesure de l'influence que les fatigues du corps exercent, et du compte qu'on doit en tenir dans les appréciations.

Parmi les nombreuses choses de la guerre dont l'emploi ne peut être limité par des prescriptions, la tension des forces physiques est une des principales. En supposant qu'il n'en soit rien prodigué, elle constitue un coefficient de toutes les forces et il est impossible de déterminer exactement jusqu'où elle peut être poussée. Mais il y a cela de remarquable qu'il n'est donné qu'à un chef d'un esprit supérieur de pousser jusqu'à un degré extraordinaire la tension des forces physiques de son armée, de même que l'arc ne peut être tendu complètement que par un bras vigoureux. En effet, lorsqu'une armée, enveloppée de dangers à la suite de grands désastres, se rompt en débris comme un mur qui s'écroule et ne trouve son salut que dans des efforts physiques extrêmes, le cas est bien différent de celui d'une armée victorieuse, animée seulement d'un sentiment de fierté et dirigée par la libre volonté de son chef. Les mêmes efforts qui, dans le premier cas, peuvent tout au plus éveiller de la pitié, exciteraient dans le second notre admiration parce qu'ils seraient d'une réalisation bien plus difficile.

Ces considérations font entrevoir à l'œil inexpérimenté un de ces objets qui mettent des entraves occultes à l'action de l'esprit et dévorent en secret les forces de l'âme.

Il n'a été question jusqu'ici que des efforts que le chef suprême exige de l'armée et chaque commandant de ses subordonnés, c'est-à-dire du courage de les demander et de l'art de les entretenir ; cependant, nous ne devons pas oublier la fatigue personnelle de ces commandants et du chef suprême lui-même [1]. Après avoir conduit jusqu'à ce point l'analyse consciencieuse de la guerre, nous devons tenir compte aussi de ces facteurs de l'opération.

Les fatigues physiques ont été mentionnées ici principalement parce qu'elles constituent, de même que le danger, un des principaux termes de cette somme de résistances, que nous désignerons par le mot *friction*, et parce que leur mesure indéterminée les rapproche de la nature des corps très élastiques, dont, comme on sait, le frottement est difficile à évaluer.

Ces considérations, cette supputation des conditions entravantes de la guerre pourraient donner lieu à des

---

1. Fatiguer l'ennemi est une possibilité pour l'emporter sur lui. En langage clausewitzien, c'est la réalisation du but négatif qui permet celle du but positif. Mais la fatigue concerne aussi bien les troupes de chaque camp que celle de l'encadrement et en particulier du chef suprême. Il faut que la fatigue ne fragilise pas à son tour l'armée qui cherche à épuiser, à fatiguer l'adversaire. Le danger n'est jamais seulement extérieur et c'est d'abord sa propre résistance qu'il faut surmonter afin de surmonter la résistance de l'autre.

abus, si la nature n'avait point donné dans notre cœur un guide à notre jugement. De même que l'individu en appellera sans succès à ses imperfections personnelles, s'il est bafoué et maltraité, et s'il n'a pas réussi à repousser l'insulte ou à la venger avec éclat, de même aucun chef, aucune armée n'amélioreront l'impression produite par une honteuse défaite, en faisant valoir des dangers, des privations et des fatigues, qui auraient suffi pour donner un relief immense à l'éclat de la victoire. Ainsi la modération apparente vers laquelle pencherait notre jugement, nous est défendue par notre *sentiment* ; mais ce dernier n'est au fond qu'un jugement supérieur.

## Chapitre VI

# RENSEIGNEMENTS À LA GUERRE

Par le mot *renseignements* nous désignons toute la connaissance que nous pouvons avoir de l'ennemi et de son pays ; ils constituent donc la base sur laquelle s'appuient nos idées et nos actions. Que l'on considère la nature de cette base, sa fragilité et sa mobilité, et l'on sentira combien l'échafaudage de la guerre est chancelant, avec quelle facilité il peut s'écrouler et nous écraser sous ses débris. Il est vrai que tous les livres conseillent de ne croire qu'aux renseignements certains, de ne jamais cesser de se défier ; mais cela n'est qu'un piètre expédient de professeur et appartient à ce genre de sagesse à laquelle les faiseurs de systèmes et de manuels ont recours, faute de mieux.

Les renseignements qu'on obtient à la guerre sont en grande partie contradictoires, en plus grande partie mensongers, et passablement incertains pour le plus grand nombre. Tout ce qu'on peut exiger de l'officier dans cette matière, c'est un certain discernement qui ne peut résulter que de la connaissance des hommes et des choses, et d'un jugement exercé. La loi de la probabilité doit lui servir de guide. Cette difficulté n'est pas sans importance quand il s'agit des avant-projets faits dans le cabinet et en dehors de la sphère proprement dite de la guerre ; mais elle est bien plus grande au milieu du tumulte même de la guerre, où un renseignement suit l'autre ; alors c'est encore un bonheur quand deux renseignements contradictoires peuvent se contrebalancer suffisamment pour appeler eux-mêmes la critique. Le chef non éprouvé se trouve bien plus exposé lorsque le hasard ne lui rend pas ce service, et qu'au contraire les renseignements successifs se soutiennent, se confirment, se surpassent, ajoutent à chaque instant de nouvelles couleurs au tableau, jusqu'à ce qu'ils parviennent à lui arracher à la hâte une résolution qui est bientôt reconnue pour une sottise, alors que tous les renseignements en question sont reconnus mensonges, exagérations, erreurs, etc. En deux mots, la plupart des renseignements sont faux, et la poltronnerie des hommes devient une nouvelle cause de mensonge et d'inexactitude. En général chacun est disposé à croire plutôt le mal que le bien [1] : chacun est tenté d'exagérer un peu le mal et les dangers factices qui sont ainsi signalés quoique, comme les ondes de la mer même, ils s'affaissent sur eux et reviennent aussi avec la même continuité, et sans cause visible. Ferme dans la confiance de son savoir mieux fondée, le chef doit être inébranlable comme le rocher battu par les flots [2]. Ce rôle n'est pas

---

1. Napoléon en avait tiré un principe qui relève de l'action psychologique visant à déstabiliser l'adversaire : intimider ce dernier en mentant délibérément sur ses troupes, en gonflant le nombre de celles-ci afin que la désinformation aggrave le sentiment de la menace. On s'appuiera sur les analyses de Bruno Colson, qui rapporte les propos de Napoléon sur tout ce qui relève de la propagande à usage interne (la France, les troupes) et à usage externe (l'ennemi, les pays étrangers) dans *Napoléon et la guerre* (*op. cit.*, p. 150 *sq.*).

2. L'examen des qualités du chef de guerre avait déjà été l'occasion d'évoquer des thèmes relatifs à la sagesse stoïcienne (voir *supra*, p. 88). L'emploi de cette image le confirme : comme le sage stoïcien qui vit dans un monde où l'ordre des choses peut venir troubler sa sérénité s'il confond les choses avec ses opinions sur elles, le chef doit lui aussi rester impassible face aux opinions et aux avis opposés. La différence, c'est que le général doit lutter contre la tendance négative qui porte à empirer le cours des choses en réhabilitant l'*espoir*, ce que la sagesse stoïcienne exclut puisque crainte et espérance sont toutes deux des passions et des maladies de l'âme. Pour l'image du roc battu par les flots, voir Marc Aurèle : « Ressembler au promontoire contre lequel incessamment se brisent les flots. Lui, reste debout et, autour de lui, viennent s'assoupir les gonflements de l'onde » (*Pensées pour moi-même*, livre IV, § XLIX, trad. Mario Meunier, GF-Flammarion, 1989, p. 77).

facile. Celui qui n'a pas reçu de la nature un caractère heureux ou que l'expérience de la guerre n'a pas instruit, en trempant son jugement, fera bien de prendre pour règle de faire au besoin violence à sa propre opinion, en adoptant le côté des espérances pour s'arracher à celui des appréhensions ; ce sera le seul moyen pour lui de conserver le véritable équilibre. La difficulté de *voir juste* constitue une des plus grandes frictions à la guerre. Elle fait que les choses se présentent tout autrement qu'on ne les avait pensées. L'impression sur les sens est plus puissante que celle des idées qu'élabore le calcul réflexif, et cela va tellement loin qu'il n'existe probablement pas d'entreprise militaire de quelque importance dont le chef n'ait pas eu dans les premiers moments de l'exécution quelques nouveaux doutes intérieurs à vaincre. Les hommes ordinaires qui obéissent aux suggestions étrangères deviennent presque toujours irrésolus au moment décisif ; ils se figurent avoir trouvé les circonstances différentes des prévisions, et cela d'autant plus que sous ce rapport ils s'appuient également sur des impressions étrangères. Mais celui-là même qui fait ses projets à lui seul, et qui voit ensuite de ses propres yeux, arrive facilement à douter de ses opinions antérieures. Une ferme confiance en lui-même doit l'armer contre la pression des apparences ; sa conviction antérieure se vérifiera dans le dénouement, lorsque les décors d'avant-scène que le hasard introduit dans le drame de la guerre auront disparu avec leurs peintures menaçantes, et que l'horizon se sera étendu. – Cela est un des grands gouffres qui séparent le *projet* et l'*exécution*.

# Chapitre VII

## LA FRICTION DANS LA GUERRE

Tant qu'on ne connaît pas la guerre par expérience, on ne conçoit pas en quoi consistent les difficultés dont il y est toujours question, et à quoi peuvent y servir le génie, les facultés extraordinaires de l'esprit qu'on exige du chef. Tout paraît si simple [1], toutes les connaissances nécessaires semblent si peu profondes, toutes les combinaisons si insignifiantes que, lorsqu'on les compare au plus simple problème des mathématiques supérieures, celui-ci impose bien autrement en revêtant une certaine dignité scientifique. Mais lorsqu'on a vu la guerre, tout s'explique, et pourtant il est difficile de décrire ce qui amène ce changement, de nommer cette cause occulte dont l'action se manifeste partout.

Tout est très simple à la guerre ; mais les choses les plus simples y sont difficiles. Ces difficultés s'accumulent et produisent une somme générale, une friction, que l'on ne peut se représenter exactement sans avoir vu la guerre. Qu'on se figure un voyageur, qui vers le soir de sa journée de voyage a l'intention de franchir encore deux relais ; cela ne fait que quatre à cinq lieues ; avec des chevaux de poste sur une chaussée, c'est peu de chose. Mais, en arrivant à l'avant-dernier relais, il ne trouve pas de chevaux, ou en trouve de mauvais, puis une contrée montueuse,

---

1. Selon le fameux mot de Napoléon : « La guerre est un art simple et tout d'exécution. Tout y est bon sens, rien n'est idéologie. »

des chemins effondrés ; une nuit obscure le surprend et il est fort heureux d'atteindre à grand-peine le relais suivant, et d'y trouver un misérable gîte. C'est ainsi que tout se réduit à la guerre, sous l'influence de petites causes innombrables, qu'il est impossible d'apprécier convenablement sur le papier, et il en résulte qu'on reste toujours loin du résultat prévu. Il faut une volonté de fer pour vaincre cette friction. Cette volonté écrase les obstacles, mais en même temps elle détruit la machine. Nous arriverons plus d'une fois encore à ce résultat. Dans l'art de la guerre, nous trouverons constamment, comme dernier mot, la volonté énergique d'un esprit impérieux, semblable à un obélisque central vers lequel convergent toutes les rues principales d'une ville [1].

Le concept de friction est le seul qui ait assez d'analogie avec ce qui distingue la guerre réelle de ce qu'elle est en projet sur le papier. La machine militaire, c'est-à-dire l'armée et tout ce qui lui appartient, est au fond très simple, et paraît à cause de cela facile à conduire. Mais il ne faut pas oublier qu'aucune de ses parties ne forme une seule pièce, que toutes au contraire sont composées de rouages, dont chacun conserve sa friction propre dans tous les sens. Théoriquement cela sonne bien : le chef de bataillon est responsable de l'exécution de l'ordre donné, et comme le lien de la discipline fait du bataillon un seul élément, et que le chef devant être un homme d'un zèle reconnu, le tout doit agir sans difficulté, comme un arbre qui tourne avec peu de friction sur son pivot d'acier. Mais dans la réalité il n'en est pas ainsi, et tout ce qu'il y a d'exagéré et d'inexact dans l'hypothèse ressort immédiatement à la guerre. Le bataillon reste toujours composé d'un certain nombre d'hommes, dont le plus

---

1. La guerre nous introduit dans le domaine de la causalité paradoxale : la liaison prévisible entre la cause et l'effet est perturbée par les circonstances et risque de faire produire à la volonté autre chose que ce qui était initialement prévu. Le remède est périlleux : la volonté qui s'oppose aux « obstacles », ou frictions, de la machine militaire risque de détruire celle-ci.

insignifiant est en état, si le hasard le veut ainsi, de causer un arrêt ou un dérèglement de la machine. Les dangers inhérents à la guerre, les efforts physiques qu'elle exige, augmentent tellement ce mal qu'on doit les considérer comme en étant les causes principales.

Cette énorme friction, qu'il est impossible de concentrer, comme dans la mécanique, sur quelques points peu nombreux, est, à cause de cela, partout en rapport avec le hasard, et produit ainsi des faits qui échappent à toute prévision ; car ils appartiennent pour la plus grande partie au hasard. Un tel hasard est, par exemple, le temps. Tantôt le brouillard s'oppose à ce que l'ennemi soit aperçu à temps, à ce qu'une batterie commence son feu à l'instant convenable, à ce qu'un message parvienne à quelque officier commandant ; tantôt c'est la pluie qui empêche un bataillon d'arriver et en retarde un autre pour l'avoir obligé peut-être à marcher pendant huit heures au lieu de trois ; ailleurs, cette même pluie fait avorter des charges de cavalerie, rompues par le terrain détrempé, etc.

Ces quelques détails ne sont destinés qu'à rendre plus claire notre exposition et à empêcher le lecteur de s'égarer ; car on pourrait remplir des volumes entiers de difficultés de ce genre. Pour donner cependant une idée bien nette de la foule innombrable des petits obstacles qu'on doit vaincre à la guerre, nous pourrions accumuler les images si nous ne craignions d'ennuyer. Cependant, ceux qui nous ont déjà compris nous en pardonneront bien encore quelques-unes.

L'action à la guerre est un mouvement dans un milieu résistant. De même qu'on n'est pas en état d'exécuter dans l'eau avec facilité et précision le mouvement même le plus simple – la marche par exemple –, de même à la guerre, avec des forces ordinaires, on est incapable de se maintenir seulement sur la ligne de la médiocrité. C'est pourquoi le vrai théoricien peut se comparer à un maître de natation qui exerce ses élèves hors de l'eau aux mouvements qui seront nécessaires dans l'eau ; ces mouvements paraissent grotesques et exagérés à ceux qui ne pensent pas aux bains[1]. C'est pourquoi aussi les théoriciens qui n'ont jamais plongé eux-mêmes, ou qui ne savent extraire rien d'universel de leur expérience, sont inutiles et absurdes, parce qu'ils enseignent ce que chacun sait déjà – marcher.

Continuons : chaque guerre est riche en événements particuliers ; c'est donc chaque fois une mer non explorée pleine d'écueils, que la pensée du général peut deviner, mais que sa vue n'a jamais constatés, et parmi lesquels il navigue au milieu de ténèbres épaisses. S'il s'élève avec cela un vent contraire (c'est-à-dire si quelque accident important se déclare contre lui), son salut exige le plus grand art, la plus grande présence d'esprit et les efforts les plus puissants, tandis que pour celui qui le juge de loin tout semble marcher sans le moindre embarras.

La connaissance de ces frictions est une partie essentielle de cette expérience de la guerre, si souvent vantée, qu'on exige d'un bon général. Il va sans dire que celui-là n'est pas le meilleur, qui s'en fait la plus haute idée, à qui elles imposent le plus (cela s'applique à la classe des généraux craintifs, qui sont fort nombreux parmi ceux qui ont de l'expérience) ; le général doit au contraire connaître cette résistance pour pouvoir la vaincre et pour ne pas compter sur une précision dans les effets, que l'existence de la friction rend impossible. Jamais

---

1. Le proverbe latin initial est : *piscem natare doces* ; littéralement : « Vous voulez apprendre à un poisson à nager. » On trouve au paragraphe 10 de l'« Introduction » de l'*Encyclopédie des sciences philosophiques* de Hegel la mention ironique du « sage projet qu'avait ce scolastique d'apprendre *à nager avant de se risquer dans l'eau* » (trad. Bernard Bourgeois, Vrin, 1986, p. 175). Chez Hegel, cela signifie qu'il est absurde, comme le fait Kant dans la *Critique de la raison pure*, de vouloir faire une théorie de la connaissance dans l'abstrait, sans connaître un objet déterminé. De même pour Clausewitz, la théorie de la guerre qui fait abstraction de la réalité serait une mécanique abstraite étudiant les mouvements d'une machine sans tenir compte des résistances du milieu qui les modifient.

d'ailleurs on n'apprendra par la théorie à connaître entièrement la friction, et si on le pouvait, on manquerait
toujours de cet aplomb du jugement qu'on nomme *tact*,
et qui est toujours plus nécessaire dans un milieu plein de
détails infiniment petits et divers que dans les occasions
décisives, où l'on délibère en soi-même et avec son entourage. Ainsi que l'homme du monde parle, agit et se meut
convenablement par suite d'un tact du jugement qui s'est
changé en habitude, de même l'officier possédant l'expérience de la guerre saura seul, dans les petites et les
grandes occasions, et, pour ainsi dire, à chaque pulsation
de la guerre, décider et agir convenablement. Cette expérience et cet usage de la guerre lui feront sentir immédiatement que telle mesure peut convenir, tandis que telle
autre ne le peut pas. Il ne se mettra donc pas facilement
dans le cas d'exposer quelque point faible, ce qui à la
guerre est excessivement dangereux et ébranle la base de
toute confiance lorsque cela arrive souvent.

C'est donc la friction, ou la résistance que nous avons
nommée ainsi, qui rend difficile ce qui paraît facile. Plus
loin [1], nous reviendrons fréquemment sur cet objet, et
alors il deviendra bien évident aussi que, outre l'expérience et une forte volonté, il faut encore à un grand
général mainte autre rare qualité de l'esprit.

---

1. Tout au long de son œuvre, Clausewitz fait référence aux frottements et à la friction : au chapitre III du livre VI (« La défense »), il
montre que le « secours populaire » cause peu de frottement dans la
réalisation de la stratégie ; au chapitre II du livre VIII (« Plan de
guerre »), Clausewitz rappelle que toute définition de la guerre doit
tenir compte de l'« inertie » et des « frictions ».

# Chapitre VIII

## OBSERVATIONS FINALES
## POUR LE PREMIER LIVRE

En traitant du danger, des fatigues du corps, des renseignements et de la friction, nous avons nommé les objets qui se réunissent dans l'atmosphère de la guerre pour en faire un milieu résistant. Leurs effets entravants peuvent donc être compris tous sous le concept général d'une friction universelle. On pourra demander maintenant s'il existe une huile pour lubrifier ce frottement. Il n'y en a qu'une seule, et elle n'est pas toujours à la disposition du général : c'est l'habitude de la guerre dans l'armée.

L'habitude endurcit le corps contre les grandes fatigues, trempe l'âme contre les grands dangers, et affermit le jugement contre les premières impressions. Partout elle produit un précieux discernement, qui s'étend depuis le hussard et le chasseur jusqu'au général de division et qui facilite l'action du général en chef.

Ainsi que la pupille de l'œil humain se dilate dans l'obscurité, recueille le peu de rayons lumineux qui restent, commence bientôt à distinguer imparfaitement les objets et finit par les reconnaître avec facilité, de même le soldat habitué à la guerre s'y trouve en pays de connaissance, tandis que pour le conscrit tout y est ténèbres.

Le général ne peut pas donner à son armée l'habitude de la guerre, et les manœuvres, qu'on peut exécuter à cet effet en temps de paix, ne sont qu'un faible dédommagement à ce mal. Mais si ces manœuvres sont peu avantageuses comparativement à la guerre même, elles le sont beaucoup comparativement à une autre armée qui ne se serait attachée qu'à développer une certaine habileté mécanique. Organiser les manœuvres en temps de paix de manière qu'une partie des causes de la friction s'y manifeste, que le jugement, la circonspection, et même la résolution des chefs particuliers y soient exercés, serait une chose bien plus utile que ne le pensent ceux qui ne connaissent pas la matière par expérience. Il est d'une importance immense que les militaires de tout rang, quelle que soit leur position hiérarchique, ne soient pas surpris à la guerre, par des particularités qui les étonnent et les embarrassent lorsqu'elles leur apparaissent pour la première fois. Celui qui en aura eu l'expérience, ne fût-ce qu'une seule fois, se sera déjà plus ou moins familiarisé avec elles. Cette observation s'étend même aux fatigues du corps, il faut qu'on s'y exerce, moins encore pour y habituer le corps que l'intelligence. À la guerre, le soldat neuf est porté à attribuer des fatigues extraordinaires à de grandes fautes commises par les chefs, à des erreurs et à des embarras dans la conduite de l'ensemble, et cette idée double son abattement. Cela n'aura pas lieu, si les manœuvres en temps de paix l'ont mieux endurci.

Un autre moyen précieux, quoique d'une application moins générale, d'acquérir en temps de paix l'habitude de la guerre, c'est d'attirer des officiers d'autres armées qui ont fait la guerre.

Il est rare que toute l'Europe soit en paix, et dans les autres parties du monde la guerre ne s'éteint jamais. Un État qui conserve longtemps la paix devrait donc toujours chercher à se procurer quelques officiers de ces divers théâtres de guerre, ou bien y en envoyer des siens, pour qu'ils puissent apprendre la guerre.

Quelque peu nombreux que ces officiers puissent paraître comparativement à la masse d'une armée, leur

influence n'en est pas moins très sensible. Leur expérience, la direction de leur esprit, leur caractère formé
influent sur leurs subordonnés et sur leurs camarades.
En outre, même lorsqu'on ne peut pas leur donner un
commandement, ils doivent toujours être considérés
comme des hommes connaissant la contrée, et qu'on
peut interroger dans bien des cas.

# DOSSIER

La définition de la guerre que propose Clausewitz dans le livre I opère une rupture avec les définitions habituelles : soit on faisait de la guerre un épisode dans l'*histoire diplomatique*, soit on l'analysait d'un point de vue de technicien (l'*art militaire*) ou encore du point de vue du droit (*droit des gens*). La *rupture épistémologique*[1] effectuée par Clausewitz consiste à rejeter toute qualification de la guerre : le concept (*Begriff*) pur de la guerre comme montée aux extrêmes est étranger à la guerre juste ou injuste. C'est même une rupture au *second degré* : Clausewitz ne conteste pas tant l'*expérience de la guerre vécue et faite* par les acteurs sur le terrain (les soldats, les généraux) que les *savoirs* disponibles sur la guerre.

## LA GUERRE JUSTE VUE PAR THOMAS D'AQUIN

Traditionnellement, on considérait que la guerre était un mal nécessaire qui impliquait le recours à la violence : seules importaient les modalités de l'usage qu'on faisait de la force physique et la nature de la *fin*, qui devait être

---

1. On rappellera la définition de la rupture épistémologique par Gaston Bachelard (1884-1962) : « La première expérience ou, pour parler plus exactement, l'observation première est toujours un premier obstacle pour la culture scientifique. En effet, cette observation première se présente avec un luxe d'images ; elle est pittoresque, concrète, naturelle, facile. Il n'y a qu'à la décrire et à s'émerveiller. On croit alors la comprendre. Nous commencerons notre enquête en caractérisant cet obstacle et en montrant qu'il y a rupture et non pas continuité entre l'observation et l'expérimentation » (Bachelard, *La Formation de l'esprit scientifique* [1938], Vrin, 1993, p. 19).

*justifiée* pour que la guerre soit juste. Avant que les conventions du droit international engagent les États de façon expresse [1], depuis l'Antiquité jusqu'aux Temps modernes, la coutume et la réflexion philosophique, morale et religieuse ont donné des critères pour apprécier la *justesse* et la *justice* de la cause pour laquelle on mène la guerre. Au XIIe siècle, le théologien et philosophe Thomas d'Aquin (1225-1274) donne trois critères de la guerre juste :

– l'autorité du prince ;
– la cause juste ;
– l'intention droite.

Ces critères permettent une casuistique de la guerre par laquelle on sonde l'intention de celui qui déclenche les hostilités : une telle intention est légitime quand il s'agit de se défendre contre une attaque, de venger des torts commis (réparer l'injustice) ou de porter secours, à la condition expresse que les voies de conciliation aient été épuisées. Les critères de la guerre juste supposent une proportionnalité entre la cause de la guerre, les torts subis et les réparations attendues : la justice étant de droit naturel, l'intention de faire la guerre n'y échappe pas. La loi naturelle et la raison se conjuguent pour éviter l'arbitraire dans la guerre et un recours à une violence excessive.

Pour qu'une guerre soit juste, trois conditions sont requises :
1° L'autorité du prince, sur l'ordre de qui on doit faire la guerre. Il n'est pas du ressort d'une personne privée d'engager une guerre, car elle peut faire valoir son droit au tribunal de son supérieur ; parce que aussi le fait de convoquer la multitude, nécessaire pour la guerre, n'appartient pas à une personne privée. Puisque le soin des affaires publiques a été confié aux princes, c'est à eux qu'il appartient de veiller au

---

1. Comme les conventions de Genève (22 août 1864, révisées le 12 août 1919, en 1925 et en 1929) ou les conventions de La Haye (1899 et 1907).

bien public de la cité, du royaume ou de la province soumis à leur autorité. [...]

2° Une cause juste : il est requis que l'on attaque l'ennemi en raison de quelque faute. C'est pour cela que saint Augustin écrit : « On a coutume de définir guerres justes celles qui punissent des injustices quand il y a lieu, par exemple de châtier un peuple ou une cité qui a négligé de punir un tort commis par les siens, ou de restituer ce qui a été enlevé par violence. »

3° Une intention droite chez ceux qui font la guerre : on doit se proposer de promouvoir le bien ou d'éviter le mal. C'est pour cela que saint Augustin écrit : « Chez les vrais adorateurs de Dieu, les guerres mêmes sont pacifiques, car elles ne sont pas faites par cupidité ou par cruauté, mais dans un souci de paix, pour réprimer les méchants et secourir les bons. » En effet, même si l'autorité de celui qui déclare la guerre est légitime et sa cause juste, il arrive néanmoins que la guerre soit rendue illicite par le fait d'une intention mauvaise. Saint Augustin écrit en effet : « Le désir de nuire, la cruauté dans la vengeance, la violence et l'inflexibilité de l'esprit, la sauvagerie dans le combat, la passion de dominer et autres choses semblables, voilà ce qui dans les guerres est jugé coupable par le droit » [1].

Cette définition de la guerre juste aura cours jusqu'au XVIIᵉ siècle, avant que le système westphalien vienne modifier la nature des conflits : le principe moderne de souveraineté fait que l'État devient le *seul juge* de la cause de la guerre, indépendamment de tout autre pouvoir temporel ou spirituel. Il sera encore question de justice, mais on n'en jugera qu'en partant du conflit entre États souverains pour qui la guerre est une relation à la fois politique, militaire et diplomatique sans instance suprême permettant de mettre fin aux conflits. Un tel exemple de transition se trouve chez le juriste hollandais Hugo Grotius (1583-1645), dont le traité *Le Droit de la guerre et de la paix* (1625) reprend à son compte la tradition de la

---

1. Thomas d'Aquin, *Somme théologique*, Qu. 40, art. 1, II-IIae, « Y-a-t-il une guerre qui soit licite ? », éd. sous la direction d'Albert Raulin, trad. Aimon-Marie Roguet, © Cerf, 1984, t. III, p. 279 *sq.*

guerre juste tout en tenant compte de cette nouvelle réalité historique et politique.

## GUERRE ET PAIX AU XVIIIᵉ SIÈCLE : KANT ET VATTEL

À l'époque des Lumières, les philosophes et les juristes s'accordent pour voir dans la guerre une relation interétatique où, dans la mesure du possible, le recours à la violence doit être limité. C'est l'époque où l'on envisage aussi la disparition de la guerre dans un avenir plus ou moins proche : comme la guerre et son cortège de calamités sont contraires à la raison[1], on suppose que le calcul des avantages de la paix et de l'enrichissement par le commerce l'emporteront sur la violence et la destruction.

L'heure est aux utopies, qui envisagent la disparition de la guerre dans une fédération des peuples, ainsi que s'en fait l'écho Charles Castel de Saint-Pierre (1658-1743) qui, dans son *Projet pour rendre la paix perpétuelle en Europe* (1713), imagine une sorte de Société des Nations en indiquant « les moyens de rendre la paix perpétuelle entre tous les États chrétiens ». La paix supposait selon lui la formation d'un « Corps européen », formé des dix-huit principales souverainetés, qui enverraient leurs députés à un congrès permanent à Utrecht. L'usage des armes ne serait réservé qu'aux ennemis de l'union et interdit à ses membres.

---

1. La lettre que Fénelon adressa à Louis XIV (vers 1693) et qui circula de façon clandestine, et surtout *Les Aventures de Télémaque* (1699) contribuèrent à diffuser dans l'opinion éclairée l'idée que les guerres menées au nom de la « gloire » sont injustes, contraires à l'Évangile et qu'elles ont ruiné la France (voir http://www.recherche-fenelon.com/page-12778-lettre-louis.html). La guerre cause des destructions inutiles, injustes et immorales aussi bien à l'intérieur qu'à l'extérieur.

Dans les trois sections de *Vers la paix perpétuelle* (1795), Kant précise, sans verser dans l'utopie, les conditions d'une telle disparition de la guerre. La première section contient les six articles préliminaires qu'il conviendrait d'adopter en vue d'établir une paix perpétuelle entre les États ; la deuxième section, les trois articles définitifs qui indiquent les moyens de diminuer et de faire disparaître la violence dans la guerre (une Constitution républicaine pour chaque État, un fédéralisme d'États libres, un droit d'hospitalité). L'article 6 montre de façon explicite qu'il faut à tout prix contenir la violence dans certaines limites afin de rendre possible la paix future, ce qui signifie que la paix demeure l'horizon de la guerre et que celle-ci devra être remplacée par des relations juridico-politiques entre États. Le cas-limite qui rendrait impossible la paix est cette « guerre d'extermination » qu'évoque Kant et *qui sera au centre du concept pur de l'action militaire selon Clausewitz.*

### 1ʳᵉ section contenant les articles préliminaires en vue de la paix perpétuelle entre États

1. « Aucune conclusion de paix ne doit valoir comme telle, si une réserve secrète donne matière à une guerre future. » [...]
2. « Aucun État indépendant (petit ou grand, cela est indifférent ici) ne doit être acquis par un autre État à la faveur d'un échange, d'un achat ou d'un don. » [...]
3. « Avec le temps, les armées permanentes doivent disparaître totalement. » [...]
4. « On ne doit pas faire de dettes touchant des querelles extérieures de l'État. » [...]
5. « Aucun État ne doit s'immiscer par la violence dans la constitution et le gouvernement d'un autre État. » [...]
6. « Aucun État en guerre avec d'autres ne doit se permettre des hostilités telles qu'elles rendraient impossible la confiance réciproque dans la paix future, comme le sont le recrutement d'*assassins* (*percussores*), d'*empoisonneurs* (*venefici*), *la violation de la capitulation, l'instigation à la trahison* (*perduellio*) dans l'État avec lequel on est en guerre. »

Ce sont des stratagèmes malhonnêtes. Car il faut bien que quelque confiance dans la manière de penser de l'ennemi subsiste au cœur même de la guerre, sinon aucune paix ne pourrait être conclue et l'hostilité tournerait à la guerre d'extermination (*bellum internecinum*) ; comme la guerre n'est que le triste expédient pour le droit à l'état de nature (où aucun tribunal n'est présent qui jugerait avec la force du droit) de s'affirmer par la violence, comme aucune des deux parties ne peut être déclarée ennemi injuste (puisque cela suppose déjà une sentence juridique), mais que seule la tournure des événements (tout comme dans un jugement dit de Dieu) décide de quel côté est le droit, comme une guerre punitive entre les États (*bellum punitivum*) est impensable (parce qu'il n'y a pas entre eux de rapport entre supérieur et subordonné), il résulte qu'une guerre d'extermination qui anéantirait en même temps les deux parties et avec elles également tout droit, n'établirait la paix perpétuelle que dans le grand cimetière du genre humain. Aussi une telle guerre, et par suite également l'usage des moyens qui y conduisent, ne doit absolument pas être permise. Mais que les moyens susnommés y conduisent inévitablement fait apparaître ceci : tous les arts infernaux qui sont par eux-mêmes infâmes, si on en vient à les utiliser, ne se maintiennent pas longtemps dans la limite de la guerre, comme par exemple l'usage d'espions (*uti exploratoribus*) qui profite seulement du déshonneur d'autrui (déshonneur qu'on ne peut désormais plus extirper), mais se poursuivraient également en état de paix et en anéantiraient ainsi complètement le dessein [1]. »

De leur côté, les juristes ont continué de réfléchir aux moyens de rendre le déchaînement de violence dans la guerre moins cruel pour ceux qui la font (les soldats) et pour ceux qui la subissent (les populations civiles). Avant même la période de la Révolution et de l'Empire, les guerres du XVIIIe siècle étaient sanglantes, comme le rappelle l'historien David A. Bell : avec l'usage de l'artillerie, des mousquets, des boîtes à mitraille, du mousquet à baïonnette, les batailles blessaient ou tuaient 40 % des

---

1. Kant, *Vers la paix perpétuelle*, trad. Jean-François Poirier et Françoise Proust, GF-Flammarion, 2006, p. 76-80.

hommes [1], sans compter les ravages causés par la politique de la terre brûlée [2].

On comprend la nécessité juridique de poser de façon explicite les normes qui humanisent la guerre, à défaut de la faire disparaître complètement, comme le montrent les distinctions faites par le jurisconsulte suisse Emer de Vattel (1714-1767). Dans son *Droit des gens ou Principes de la loi naturelle appliqués à la conduite et aux affaires des Nations et des Souverains* (1758), il oppose « la guerre légitime et dans les formes » à « la guerre informe et illégitime appelée avec plus de raison un brigandage », où tous les moyens sont autorisés pour se débarrasser des brigands, c'est-à-dire ceux qui attaquent sans passer par une déclaration de guerre faite *dans les formes du droit*. Si la guerre reste bien « cet état, dans lequel on poursuit son droit par la force », un tel usage de la force suppose que l'État en ait le monopole afin d'éviter la violence illimitée des conflits dans la guerre privée. C'est ce qu'on voit dans le statut juridique des combattants et des non-combattants en cas de guerre. Vattel estime que la professionnalisation de la guerre est une raison supplémentaire de contenir la violence de celle-ci, car on ne doit jamais oublier l'humanité des ennemis qui s'affrontent.

## Les combattants

L'ennemi [public] qui m'attaque injustement me met sans doute en droit de repousser sa violence ; et celui qui

---

1. David A. Bell, *La Première Guerre totale. L'Europe de Napoléon et la naissance de la guerre moderne* [2007], trad. Christophe Jacquet, Seyssel, Champ Vallon, 2010, p. 46).

2. On dévastait une partie de territoire pour que l'ennemi ne puisse trouver de moyens de subsistance destinés à nourrir les troupes. En 1688 et 1689, la mise à sac du Palatinat (partie du Saint Empire romain germanique) sous Louis XIV, ordonnée par le ministre de la Guerre Louvois, suscita une indignation générale en Europe : le ravage des campagnes, la destruction de villages et de villes, la déportation de populations pour freiner les troupes ennemies furent unanimement dénoncées, sauf par les thuriféraires du roi.

m'oppose ses armes, quand je ne demande que ce qui m'est dû, devient le véritable agresseur, par son injuste résistance ; il est le premier auteur de la violence, et il m'oblige à user de la force, pour me garantir du tort qu'il veut me faire, dans ma personne ou dans mes biens. Si les effets de cette force vont jusqu'à lui ôter la vie, lui seul est coupable de ce malheur. [...] Telle est la source du droit de tuer les ennemis dans une guerre juste. [...] Dès qu'un ennemi se soumet et rend les armes, on ne peut lui ôter la vie. On doit donc donner quartier à ceux qui posent les armes dans un combat ; et quand on assiège une place, il ne faut jamais refuser la vie sauve à une garnison qui offre de capituler. On ne peut trop louer l'humanité avec laquelle la plupart des Nations de l'Europe font la guerre aujourd'hui. Si quelquefois, dans la chaleur de l'action, le soldat refuse quartier, c'est toujours malgré les officiers, qui s'empressent à sauver la vie aux ennemis désarmés. [...] Comment a-t-on pu s'imaginer, dans un siècle éclairé, qu'il est permis de punir de mort un commandant qui a défendu sa place jusqu'à la dernière extrémité, ou celui qui, dans une mauvaise place, aura osé tenir contre une armée royale ? [...] Quelle idée de punir un brave homme parce qu'il aura fait son devoir ! [...] Vous pouvez employer des moyens justes et honnêtes, pour engager un gouvernement à ne pas attendre inutilement la dernière extrémité ; et c'est aujourd'hui l'usage des généraux sages et humains.

### Les non-combattants

Les femmes, les enfants, les vieillards infirmes, les malades [...] sont des ennemis qui n'opposent aucune résistance ; et par conséquent on n'a aucun droit de les maltraiter en leur personne, d'user contre eux de violence, beaucoup moins de leur ôter la vie. Il n'est point aujourd'hui de Nation un peu civilisée qui ne reconnaisse cette maxime de justice et d'humanité. Si quelquefois le soldat furieux et effréné se porte à violer les filles et les femmes, ou à les tuer, à massacrer les enfants et les vieillards, les officiers gémissent de ces excès ; ils s'empressent de les réprimer, et même un général sage et humain les punit quand il peut. [...] J'en dis autant des ministres publics de la religion, des gens de lettres, et autres personnes, dont le genre de vie est fort éloigné du métier des armes. [...] Comme ils n'opposent point la force ou la violence à l'ennemi, ils ne lui donnent aucun droit d'en user contre eux. [...]

### La professionnalisation des armées

Aujourd'hui la guerre se fait par les troupes réglées [1] ; le peuple, les paysans, les bourgeois ne s'en mêlent point et, pour l'ordinaire, ils n'ont rien à craindre du fer de l'ennemi. Pourvu que les habitants se soumettent à celui qui est maître du pays, qu'ils paient les contributions imposées, et qu'ils s'abstiennent de toute hostilité, ils vivent en sûreté, *comme s'ils étaient amis* [2] ; ils conservent même ce qui leur appartient ; les paysans viennent librement vendre leurs denrées dans le camp, et on les garantit autant qu'il se peut des calamités de la guerre. Louable coutume, bien digne des Nations qui se piquent d'humanité, et avantageuse à l'ennemi même qui use de modération !

### L'humanité du général

N'oublions jamais que nos ennemis sont hommes. Réduits à la fâcheuse nécessité de poursuivre notre droit par la force des armes, ne dépouillons point la charité qui nous lie à tout le genre humain. De cette manière nous défendrons courageusement les droits de la patrie, sans blesser ceux de l'humanité. Que notre valeur se préserve d'une tache de cruauté ; et l'éclat de la victoire ne sera point terni par des actions inhumaines et brutales. [...] La modération, la générosité du vainqueur, lui est plus glorieuse que son courage ; elle annonce plus sûrement une grande âme. Outre la gloire qui suit infailliblement cette vertu, on a vu souvent des fruits présents et réels de l'humanité envers un ennemi. Léopold, duc d'Autriche, assiégeant Soleure en l'année 1318, jeta un pont sur l'Aar, et y plaça un gros corps de troupes ; la rivière enflée extraordinairement emporta le pont et ceux qui étaient dessus. Les assiégés vinrent au secours de ces malheureux,

---

1. Comprendre : régulières.
2. Nous soulignons.

et en sauvèrent la plus grande partie. Léopold, vaincu par ce trait de générosité, leva le siège, et fit la paix avec elle [1].

1. Emer de Vattel, *Le Droit des gens* [1758], t. II, livre III, « De la guerre », chap. VIII, trad. Paul Royer-Collard, Paris, 1835, p. 163-190.

## LA GRAMMAIRE DE LA GUERRE ET LA LOGIQUE DE LA POLITIQUE : CLAUSEWITZ CONTRE JOMINI

Le livre VIII du traité de Clausewitz revient sur les rapports de la guerre et de la politique :

### La guerre est un instrument de la politique

[...] On n'ignore pas que la guerre naît des relations politiques des gouvernements et des peuples ; mais, ordinairement, on s'imagine que la guerre fait cesser ce commerce politique pour introduire un autre état de choses, qui ne dépend plus que de ses lois intrinsèques.

Nous affirmons, au contraire, que la guerre n'est que la continuation des transactions politiques, comportant l'immixtion d'autres moyens. Nous disons l'immixtion d'autres moyens pour indiquer que ce commerce politique ne cesse pas par l'intervention de la guerre. Il ne se transforme pas en une chose entièrement distincte ; mais il continue à subsister dans son essence, quelle que soit la forme des moyens qu'il emploie. Les lignes générales que suivent les événements de la guerre, et auxquelles ils sont liés, ne sont que les fils principaux de la politique, pénétrant à travers le réseau de la guerre et aboutissant à la paix. Du reste, comment la chose pourrait-elle se concevoir autrement ? L'interruption des notes diplomatiques fait-elle jamais cesser les rapports politiques des diverses nations et des divers gouvernements ? La guerre est-elle autre chose qu'une écriture ou une langue nouvelle pour exprimer la pensée politique ? Cette langue a sans doute sa grammaire, mais non sa logique à elle.

Cette manière de concevoir la guerre serait indispensable, même s'il s'agissait de la guerre dans sa plus haute expression, si elle était la manifestation irréfrénée du principe d'hostilité. En effet, tous les objets sur lesquels la guerre repose et qui en déterminent les traits fondamentaux, tels que la force disponible, celle de l'adversaire, les alliés réciproques, le caractère des gouvernements et des nations opposées, etc., énumérés au chapitre premier du premier livre, appartiennent à la politique ; ils sont même en connexion si intime avec le commerce politique, qu'il serait impossible de les en séparer. Du reste, ce point de vue paraît doublement indispensable quand nous considérons que la guerre réelle n'est jamais une tendance aussi conséquente et aussi extrême qu'elle devrait l'être d'après son concept. La guerre réelle, n'étant qu'une demi-mesure, impliquant contradiction avec elle-même, ne peut pas comme telle obéir à ses propres lois, mais n'est plus qu'un fragment d'un tout indépendant, et ce tout c'est la politique.

La politique, en se servant de la guerre, évite toutes les conclusions rigoureuses que comporte l'essence de celle-ci. Elle s'inquiète peu des éventualités finales et s'en tient aux probabilités immédiates. Si beaucoup d'incertitude s'introduit ainsi dans les transactions, si elles deviennent une sorte de jeu où la finesse et le hasard jouent un rôle, chaque cabinet se promet, de son côté, que dans ce jeu il surpassera l'adversaire en adresse et en pénétration.

Ainsi, la politique fait un simple instrument de l'élément indomptable de la guerre. Le terrible glaive des batailles, qui doit être soulevé des deux mains par un effort extrême, pour frapper un coup, un seul coup fatal, la politique l'a converti en une épée légère et maniable. Parfois même elle l'a changé en rapière servant à échanger l'estoc, la feinte et la parade. [...]

Il est sous-entendu que la politique renferme et concilie tous les intérêts du gouvernement à l'intérieur, même ceux de l'humanité, et en général tous ceux dont il peut être rationnellement question. En effet, la politique ne joue d'autre rôle que celui de fondé de pouvoirs de ces divers intérêts pour agir au-dehors. Elle peut être mal dirigée, servir surtout la gloriole, l'intérêt privé, la vanité des gouvernants ; mais nous n'avons pas à nous occuper de cela, car dans aucun cas il ne peut appartenir à l'art militaire de faire la leçon à la politique, et dans notre étude nous ne pouvons considérer la politique que comme représentant tous les intérêts de la société. [...]

On pourrait concevoir la disparition du point de vue politique dès le début de la guerre, si les guerres n'étaient que des luttes implacables et mortelles, engendrées par la haine et la fureur ; mais telles qu'elles sont dans la réalité, elles ne sont que des manifestations de la politique elle-même, ainsi que nous l'avons fait voir plus haut. Il serait donc absurde de subordonner les vues politiques au point de vue militaire, car la politique a engendré la guerre ; elle est l'intelligence, tandis que la guerre n'est que l'instrument ; l'inverse choquerait le bon sens. Il ne reste donc qu'à subordonner le point de vue militaire au point de vue politique, le bras à la tête. [...]

À ce point de vue, un conflit entre les intérêts politiques et les intérêts militaires n'est du moins plus dans l'ordre naturel et ne peut plus s'expliquer, s'il a lieu, que par une insuffisance de lumières. Si la politique demande à la guerre ce que celle-ci ne peut pas donner, elle ne se trouve pas dans le cas de notre hypothèse, d'après laquelle elle doit connaître l'instrument qu'elle emploie, hypothèse qui est toute naturelle et indispensable. Mais si, au contraire, la politique apprécie sainement le cours des événements militaires, il est entièrement et exclusivement de sa compétence de décider quels sont les faits et quelle est la direction des événements qui répondent le mieux à l'objet de la guerre. [...]

D'après cela, il y a une distinction peu judicieuse, et nuisible même, lorsqu'on veut qu'un grand événement militaire, ou le projet d'une grande opération, soit soumis à une *appréciation purement militaire*. C'est même un procédé peu rationnel que d'appeler, comme le font parfois les cabinets, des militaires à la discussion des projets de guerre, afin qu'ils y prononcent un jugement *purement militaire*. Mais ce qui est encore plus absurde, c'est la demande des théoriciens qui veulent que les moyens militaires disponibles soient indiqués au général en chef, pour qu'il combine, d'après cela, un projet de guerre ou de campagne purement militaire. Du reste, l'expérience universelle fait voir que, malgré la grande diversité des perfectionnements que l'art de la guerre a reçus de nos jours, le canevas fondamental de la guerre a toujours été arrêté par les cabinets, c'est-à-dire, en termes techniques, par une autorité civile et non militaire.

Cela est entièrement dans l'ordre naturel. Aucun des projets principaux nécessaires à la guerre ne peut être fait sans le concours des lumières sur les rapports politiques, et l'on dit en réalité tout autre chose que ce que l'on croit dire, quand on parle, comme cela arrive fréquemment, de l'influence nuisible exercée par la politique sur la conduite de la guerre. Ce n'est pas cette influence, mais c'est la politique elle-même qu'il faudrait blâmer. Si la politique est saine, c'est-à-dire si elle atteint son but, elle ne peut agir dans son sens que favorablement sur la guerre ; et lorsque cette influence éloigne la guerre de son but, on n'en doit chercher la raison que dans l'impéritie de la politique.

Ce n'est que quand la politique se promet de certaines mesures militaires un effet imaginaire, non fondé sur leur nature, qu'elle peut exercer par ses déterminations une influence nuisible sur la guerre. De même que celui qui emploie une langue qu'il possède incomplètement exprime souvent autre chose que ce qu'il pense, de même la politique peut dans ce cas ordonner des choses dont l'effet ne répond pas à ses intentions.

Ce cas s'est répété à l'infini, et c'est ce qui fait voir qu'une certaine intelligence de la guerre est inséparable d'une bonne direction des affaires politiques.

Mais avant d'aller plus loin, nous devons nous mettre à l'abri d'une fausse interprétation très imminente. Nous sommes très loin de croire qu'un ministre de la Guerre, enfoui dans les archives, ou un savant ingénieux, ou même un bon général de campagne, serait le meilleur ministre d'État, là où le prince ne l'est pas lui-même ; en d'autres termes, nous ne voulons absolument pas que les connaissances militaires soient considérées comme une qualité principale de l'homme d'État. Les qualités principales sont un esprit élevé, distingué, un caractère fort ; les connaissances militaires peuvent bien après cela se compléter d'une manière ou de l'autre. La France n'a jamais été si mal conseillée dans ses affaires militaires et politiques que par les frères Belle-Isle et par le duc de Choiseul, quoique tous trois fussent militaires.

Pour qu'une guerre réponde entièrement aux desseins de la politique, et pour que la politique soit à la hauteur des moyens de la guerre, lorsque l'homme d'État et le soldat ne sont pas réunis en une seule personne, il ne reste qu'un moyen, c'est de faire du général en chef un membre du cabinet, afin que celui-ci puisse participer aux actes principaux. Mais cette combinaison n'est possible que lorsque le cabinet, c'est-à-dire le gouvernement, se tient à proximité du théâtre des événements, afin que les affaires puissent s'expédier sans retard.

C'est ce que fit l'empereur d'Autriche en 1809, et c'est ce que firent aussi les monarques coalisés en 1813, 1814 et en 1815, et l'expérience a confirmé cette marche.

L'influence que peut exercer sur le cabinet un autre militaire que le général en chef est excessivement dangereuse ; il est rare que cela conduise à l'ensemble et à la vigueur de l'action. L'exemple de la France, où Carnot dirigea les affaires militaires en 1793, 1794 et 1795, doit être absolument rejeté, parce que les gouvernements révolutionnaires seuls ont la terreur à leur disposition [1].

Dans son analyse de la guerre, Clausewitz n'est pas le seul à insister sur le lien entre l'objectif de l'action militaire (*Ziel*) et la fin politique (*Zweck*). Un stratège suisse, Henri Antoine de Jomini (1779-1869), qui considérait, à la différence de Clausewitz, que la guerre pouvait faire l'objet de définitions théoriques précises malgré le rôle du hasard, souligne lui aussi le rapport entre la guerre et la politique en faisant de la « politique de la guerre » une partie de l'art de la guerre. La politique fixe ainsi, comme chez Clausewitz, la fin que les opérations militaires doivent réaliser et qui dépendra des différents cas énumérés par Jomini.

### Définition de l'art de la guerre

L'art de la guerre, tel qu'on le conçoit généralement, se divise en cinq branches purement militaires ; la *stratégie*, la *grande tactique*, la *logistique*, l'*art de l'ingénieur* et la *tactique*

---

1. Clausewitz, *De la guerre*, livre VIII, chap. VI b, éd. Grégoire Chamayou, Flammarion, 2010, p. 282-288.

*de détail*[1] ; mais il est une partie essentielle de cette science qu'on en a, mal à propos, exclue jusqu'à présent, c'est la *politique de la guerre*. Bien que celle-ci tienne à la science de l'homme d'État plus particulièrement qu'à celle du guerrier, depuis qu'on a imaginé de séparer la toge de l'épée, on ne peut disconvenir toutefois que, si elle est inutile à un général subalterne, elle est indispensable à tout général commandant en chef une armée : elle entre dans toutes les combinaisons qui peuvent déterminer une guerre, et dans celles des opérations qu'on pourrait entreprendre : dès lors elle appartient nécessairement à la science que nous traitons[2].

## La politique de la guerre

Nous donnerons ce titre aux combinaisons par lesquelles un homme d'État doit juger lorsqu'une guerre est convenable, opportune ou même indispensable, et déterminer les diverses opérations qu'elle nécessitera pour atteindre son but.

Un État est amené à la guerre :

– pour revendiquer des droits ou pour les défendre ;

– pour satisfaire à de grands intérêts publics, tels que ceux du commerce, de l'industrie et de tout ce qui concerne la prospérité des nations ;

– pour soutenir des voisins dont l'existence est nécessaire à la sûreté de l'État ou au maintien de l'équilibre politique ;

– pour remplir les stipulations d'alliances offensives et défensives ;

– pour propager des doctrines, les comprimer ou les défendre ;

– pour étendre son influence ou sa puissance, par des acquisitions nécessaires au salut de l'État ;

– pour sauver l'indépendance nationale menacée ;

---

1. Selon Jomini, la *stratégie* est « l'art de bien diriger les masses sur le théâtre de la guerre, soit pour l'invasion d'un pays, soit pour la défense du sien » ; la *grande tactique* a pour objet les batailles et les combats ; la *logistique* est « l'application pratique ou l'art de mouvoir les armées » ; l'*art de l'ingénieur* concerne « l'attaque et la défense des places ».

2. Henri Antoine de Jomini, *Précis de l'art de la guerre*, « Première partie », Paris, Anselin, 1838, p. 36-37.

– pour venger l'honneur outragé ;
– par manie des conquêtes et par esprit d'invasion.

On juge que ces différentes espèces de guerre influent un peu sur la nature des opérations qu'elles exigeront pour arriver au but proposé, sur la grandeur des efforts qu'il faudra faire à cet effet, et sur l'étendue des entreprises qu'on sera à même de former.

Sans doute chacune de ces guerres pourra être offensive ou défensive ; celui même qui en serait le provocateur sera peut-être prévenu et réduit à se défendre, et l'attaqué pourra prendre aussitôt l'initiative s'il a su s'y préparer. Mais il y aura encore d'autres complications provenant de la situation respective des parties.

1° on fera la guerre seul contre une autre puissance ;

2° on la fera seul contre plusieurs États alliés entre eux ;

3° on la fera avec un puissant allié contre un ennemi seul ;

4° on sera la partie principale de la guerre ou auxiliaire seulement ;

5° dans ce dernier cas, on interviendra dès le début de la guerre ou au milieu d'une lutte déjà plus ou moins engagée ;

6° le théâtre pourra être transporté sur le pays ennemi, sur un territoire allié, ou dans son propre pays ;

7° si on fait la guerre d'invasion, elle peut être voisine ou lointaine, sage et mesurée, ou extravagante ;

8° la guerre peut être nationale, soit contre nous soit contre l'ennemi ;

9° enfin il existe des guerres civiles et religieuses également dangereuses et déplorables. [...]

À ces différentes combinaisons, qui appartiennent plus ou moins à la politique diplomatique, on peut en ajouter d'autres, qui n'ont de rapport qu'à la conduite des armées. Nous donnerons à celles-ci le nom de *politique militaire*, ou *philosophie de la guerre*, car elles n'appartiennent exclusivement ni à la diplomatie ni à la stratégie, et n'en sont pas moins de la plus haute importance dans les plans d'un cabinet, comme dans ceux d'un général d'armée [1].

---

1. *Ibid.*, chap. I, p. 39-41.

## Offensive et défensive selon Clausewitz

Dans le livre I de *De la guerre*, Clausewitz a soutenu la supériorité de la défensive sur l'offensive : c'est l'objet du livre VI de justifier cette thèse. Pour penser la guerre, il faut partir de la défense, car c'est le camp qui défend qui prend l'initiative des hostilités : l'attaquant vise la prise de possession d'un territoire par exemple, et la défense, en résistant à cette attaque, lutte et déclenche le processus de la guerre. Le défenseur doit impérativement organiser ses forces en prenant en compte celles de l'adversaire, alors que celui-ci, au début, ne fait que déployer les siennes pour la conquête.

Contrairement aux idées reçues, Clausewitz voit uniquement dans le défenseur celui qui, par sa résistance, ouvre véritablement le cycle des hostilités qui fait alterner défensive et offensive selon la situation des forces en présence, puisque à un moment donné le défenseur devra passer à l'attaque quand il jugera le moment favorable (voir livre VI, chap. VII).

### 1. Définition de la défense

Quelle est l'idée fondamentale de la défense ? C'est de parer un coup. Par quel indice se distingue-t-elle ? C'est qu'elle attend le coup qu'elle doit parer. C'est donc là le caractère distinctif de l'action défensive, c'est ce critérium seul qui, à la guerre, peut faire distinguer l'attaque de la défense. Mais une défensive absolue serait en contradiction avec l'idée de la guerre ; car cela reviendrait à supposer qu'un seul des adversaires fait la guerre. C'est pourquoi la défense ne peut être que relative, et le critérium ci-dessus ne s'applique qu'à l'idée intégrale de la forme de la guerre, sans pouvoir être étendu à ses diverses parties. Ainsi, un combat partiel est défensif lorsqu'on y attend la charge de l'ennemi ; une bataille est défensive quand on attend l'apparition de l'ennemi devant la position ; et enfin une campagne l'est quand on attend pour agir que l'ennemi ait mis le pied sur le théâtre de la guerre. Dans tous ces cas, c'est l'idée collective, intégrale, qui possède le critérium de la défense, c'est-à-dire l'attente et la réaction. En même temps, il n'y a là aucune contradiction avec l'idée fondamentale de la guerre car nous pouvons trouver notre avantage à attendre une charge sur nos baïonnettes ainsi que l'attaque de notre position ou de notre théâtre de la guerre. Mais, pour que celui qui se défend fasse aussi la guerre, il doit rendre des coups, c'est-à-dire se livrer à l'offensive. Ainsi, la guerre défensive comprend des actes offensifs. Mais ces actes offensifs font partie d'une défensive d'un ordre plus ou moins élevé, suivant qu'ils sont circonscrits par l'idée de la position ou du théâtre de la guerre. Ainsi, dans une campagne défensive, on peut livrer des batailles offensives, dans une bataille défensive, on peut prendre l'offensive avec certaines divisions, et enfin une ligne de troupes qui attend une charge de pied ferme se sert encore d'une offensive d'un ordre inférieur en lançant ses projectiles contre l'ennemi. Ainsi, la forme défensive dans la conduite de la guerre ne se borne pas à parer les coups mais comprend aussi l'emploi habile de la riposte.

### 2. *Avantages de la défensive*

Quel est le but de la défense ? C'est de *conserver*. Or, comme il est plus facile de conserver que de gagner, il s'ensuit déjà qu'à moyens égaux, la défense est plus facile que l'attaque. Mais sur quoi est fondée la facilité plus grande de la conservation ? Elle résulte de ce que tout le temps que l'attaque n'utilise pas s'écoule au profit du défenseur. Il récolte sans avoir semé. Toute omission de l'attaque, due à l'erreur, à la timidité ou à l'indolence, se convertit en profit pour le défenseur. C'est cet avantage qui a plus d'une fois sauvé la Prusse d'une perte imminente durant la guerre de Sept Ans. – Cet avantage de la défense, dérivant de sa définition et de son but, est une propriété universelle de toute forme défensive. Il se manifeste aussi dans les relations ordinaires de la vie, et surtout dans les luttes judiciaires qui ont tant d'analogie avec la guerre. Aussi notre principe s'y est-il formulé dans le proverbe latin : *beati sunt possidentes* [1]. Un autre avantage, mais qui n'appartient qu'à la guerre seule,

---

1. « Heureux ceux qui possèdent », proverbe latin.

consiste dans le secours que prête le terrain, et que la défense exploite de préférence.

Ces bases posées, nous allons nous occuper des développements que comporte la question.

Dans la tactique, le combat, petit ou grand, est *défensif* lorsque nous laissons l'initiative à l'ennemi et que nous attendons son apparition devant notre front. Mais, après cela, nous pouvons employer tous les moyens offensifs sans perdre pour cela les deux avantages de la défense que nous avons mentionnés, savoir : d'attendre l'attaque et de profiter du terrain. Dans la stratégie, c'est d'abord la campagne qui se substitue au combat, tandis que le théâtre de la guerre remplace la position ; ensuite, toute la guerre et tout le pays prennent la place de la campagne et du théâtre de la guerre. Dans les deux cas, la défensive reste ce qu'elle était dans la tactique.

Nous avons déjà remarqué d'une manière générale que la défense est plus facile que l'attaque. Mais le but de la défense est négatif, c'est *la conservation*, tandis que celui de l'attaque, *la conquête*, est positif. Or la conquête tend à augmenter les moyens de guerre, la conservation pas. Il faut donc, pour s'exprimer avec précision, dire : *la forme défensive de la guerre est par elle-même plus forte que la forme offensive.* Voilà le résultat que nous avions en vue. Eh bien, ce résultat, qui dérive logiquement de la nature des choses, et que l'expérience a mille fois confirmé, se trouve pourtant en opposition avec l'opinion régnante ; nouvelle preuve du désordre que les écrivains superficiels peuvent introduire dans les idées.

Or, s'il est vrai que la défensive est la plus forte des deux formes de la guerre, mais que son but est négatif, il s'ensuit qu'il ne faut l'employer qu'aussi longtemps qu'on en a besoin, parce qu'on est trop faible, et qu'il faut au contraire l'abandonner aussitôt qu'on devient assez fort pour pouvoir se proposer un but positif. Maintenant si, grâce à la défensive, on remporte la victoire, il en résulte ordinairement un rapport des forces plus favorable, de sorte que c'est tout à fait dans la marche naturelle de la guerre de commencer par la défensive et de finir par l'offensive. Ainsi, on se mettrait également en contradiction avec l'idée fondamentale de la guerre, soit en considérant la défense comme but définitif, soit en se figurant que la forme défensive qui préside à un tout doive s'étendre à toutes les parties contenues dans ce tout.

[...]

Après avoir ainsi arrêté l'idée de la défense, telle qu'elle doit être comprise à la guerre ; après avoir indiqué les limites de la défense, nous allons revenir sur notre assertion, que *la défensive est la plus forte des deux formes de la guerre.*

L'examen détaillé et la comparaison de l'attaque et de la défense feront ressortir très clairement la vérité de cette proposition. Pour le moment, nous nous contenterons de faire remarquer combien la proposition inverse serait en contradiction avec elle-même et avec les faits. Si la forme offensive était plus forte, il n'existerait aucun motif pour jamais préférer la défensive, puisque d'ailleurs le but de celle-ci est déjà négatif. Il faudrait donc toujours attaquer, et il serait absurde de choisir la défensive. En revanche, il est très naturel que le but supérieur exige aussi des sacrifices plus considérables. Celui qui se croit assez fort pour pouvoir employer la plus faible des deux formes peut vouloir atteindre un but supérieur. Celui, au contraire, qui se propose le moindre but, ne peut justifier son choix que par l'avantage que lui procure la force supérieure de la forme de guerre qu'il emploie. – Quant à l'expérience des faits, on peut dire qu'il est sans exemple qu'on ait jamais, sur deux théâtres de guerre différents, pris l'offensive avec l'armée la plus faible, et préféré la défensive avec l'armée la plus forte. L'inverse s'est vu, au contraire, de tout temps et partout, et c'est ce qui fait voir que les généraux, même lorsqu'ils éprouvent un penchant décidé pour l'attaque, sont pourtant intimement convaincus de la force supérieure de la défensive [1].

## Guerre et souveraineté chez Hegel

Parmi les philosophes à avoir tiré des leçons du démenti apporté par l'histoire à l'idéalisme juridique des Lumières, Hegel (1770-1831), dont on a cherché vainement à montrer l'influence sur Clausewitz, affirme dans

---

1. Clausewitz, *De la guerre*, livre VI, chap. I, *op. cit.*, p. 205-208.

les *Principes de la philosophie du droit* (1821) le lien entre l'État comme incarnation de la rationalité politique et la guerre. La guerre fait partie de la relation interétatique, car elle est la manifestation phénoménale de la souveraineté extérieure de l'État : un État est souverain *ad intra* quand la liberté s'est institutionnalisée de façon juridico-politique et *ad extra* quand il s'affirme contre tout autre État, soit pour se défendre, soit pour conquérir.

Hegel rejette le fédéralisme kantien comme une chimère qui oublie que seule la volonté des États *in fine* décide de la validité des contrats, ce qui vaudrait *a fortiori* dans le cas impossible d'une renonciation de tous les États à la guerre. Renoncer totalement à la guerre, ce serait nier la souveraineté, principe essentiel de l'État moderne : Hegel exclut une telle autolimitation de la souveraineté, incompatible avec l'autodétermination des États. Les États demeurent dans un état de nature où la norme du licite et de l'illicite en matière de guerre ne peut être imposée par aucune autorité, si ce n'est la *coutume* en vertu de laquelle les belligérants ne recourent pas aux dernières extrémités.

### § 333

Le principe fondamental du *droit des gens* [1], comme droit *universel*, autrement dit comme droit en-et-pour-soi [2] qui doit avoir cours entre les États, à la différence du contenu particulier des traités positifs, consiste en ce que les *traités* doivent *être établis* comme les bases sur lesquelles reposent les possibilités de relation des États. Mais parce que les États ont pour principe de leur rapport leur souveraineté, ils sont dans cette mesure dans l'état de nature les uns à l'égard des autres, et leurs droits ont leur *réalité effective*, non pas dans

---

1. Voir *supra*, note 2, p. 9.
2. Le « droit en-et-pour-soi » désigne le droit qui s'applique absolument aux relations entre États : le droit des gens ou droit international public est le seul droit valable entre États.

une volonté universelle constituée comme puissance au-dessus d'eux, mais dans leur volonté particulière. Cette détermination universelle en reste donc au *devoir-être* [1], et la situation devient une alternance entre le rapport conforme au traité et l'outrepassement de ce rapport.

Remarque. Il n'y a pas de « préteur », mais tout au plus des arbitres ou des médiateurs entre les États, et encore ils ne le sont que d'une manière accidentelle, c'est-à-dire selon leur volonté particulière. La représentation kantienne d'une *paix perpétuelle* grâce à une alliance entre États qui aplanirait chaque conflit, et comme une puissance reconnue par chaque État particulier, arrangerait chaque différend, et rendrait par là impossible la solution décidée par la guerre, présuppose l'*unanimité* des États, qui reposerait sur des fondements et des considérations morales, religieuses ou autres, mais toujours en somme sur la volonté particulière et souveraine, et par là resterait affectée de contingences.

## § 334

Il s'ensuit que le conflit entre États ne peut, dans la mesure où les volontés particulières ne trouvent pas d'accord, être tranché que par la *guerre*. Mais parmi les dommages, qui peuvent se produire facilement et en foule, étant donné le vaste domaine des États et les relations polyvalentes entre leurs administrés, la question de savoir lesquels seraient à envisager comme une rupture déterminée des traités ou une atteinte à la reconnaissance et à l'honneur reste une chose indéterminable *en soi*, du moment qu'un État peut placer en

---

1. Normalement le droit des gens s'applique aux États, mais comme chaque État est et demeure souverain, il n'y a pas d'instance supra-étatique (« une volonté universelle constituée comme puissance ») pour faire respecter ce droit : la souveraineté de chaque État est absolue, repose sur sa « volonté particulière » et en même temps chacun doit avoir des relations contractuelles avec les autres États. Comme tout dépend de la volonté de chaque État de respecter ou non les contrats, le droit des gens ne correspond pas à la réalité du rapport entre États : il demeure un idéal, ce qui *doit être*, par rapport à un état de fait, l'état de nature dans lequel se trouvent réciproquement les États qui tantôt respectent les contrats passés avec les autres États, tantôt les transgressent.

chacune de ses singularités son infinité et son honneur, et qu'il est d'autant plus enclin à cette vanité qu'un long repos intérieur incite une puissante individualité à chercher et à créer pour elle une matière à son activité du côté extérieur. [...]

### § 336

Étant donné que les États, dans leur rapport d'indépendance, sont les uns envers les autres comme des volontés *particulières*, étant donné que la validité des traités repose elle-même là-dessus, et que la volonté *particulière* du tout est en général son propre *bien-être selon son contenu*, c'est ce dernier qui est la loi suprême dans son comportement envers les autres. [...]

Remarque. À une époque, on a beaucoup parlé de l'opposition entre morale et politique [1], et de l'exigence de mettre la seconde en conformité avec la première. [Il] suffit en ce lieu de faire en somme remarquer que le bien-être d'un État a une justification entièrement différente du bien-être d'un individu singulier, et que la substance morale, à savoir l'État, a son existence c'est-à-dire son droit, immédiatement dans une existence non pas abstraite, mais concrète, et que seule cette existence concrète peut être le principe de son action et de son comportement, et non pas l'une des multiples pensées générales tenues pour des impératifs moraux. La conception de la prétendue injustice que doit avoir la politique dans cette prétendue opposition repose bien plutôt sur la vacuité des représentations qu'on a de la moralité, de la nature de l'État et de son rapport au point de vue moral. [...]

### § 338

Dans le fait que les États se reconnaissent mutuellement, il reste, *même en guerre*, dans la situation d'absence de droit, dans la situation de violence et de contingence, un *lien*, dans

---

1. Kant distingue le « *politique moral* » qui subordonne la politique à la morale et le « *moraliste politique* » qui « se forge une morale qui soit profitable à l'intérêt de l'homme d'État » (*Vers la paix perpétuelle, op. cit.*, p. 112).

lequel ils valent comme étant en-et-pour-soi les uns pour les autres, de sorte que, dans la guerre elle-même, la guerre est déterminée comme une chose qui doit passer. Elle contient ainsi la détermination du droit des gens suivante : en elle est maintenue la possibilité de la paix ; ainsi, par exemple, les messagers sont respectés, et en général, rien n'est fait contre les institutions intérieures et la paix de la vie familiale et privée, ni contre les personnes privées.

### § 339

À vrai dire, le comportement mutuel dans la guerre (par exemple le fait que soient faits des prisonniers) et ce qu'à l'état de paix un État accorde aux administrés d'un autre État en matière de droits pour les échanges privés, repose sur les *coutumes éthiques* des nations, en tant qu'universalité interne de la conduite, universalité qui se maintient dans tous les rapports [1].

## LES DEUX RACES DE LA GUERRE

Dans un texte posthume, *Note conjointe sur M. Descartes et la philosophie cartésienne*, Charles Péguy (1873-1914) distingue deux types, ou deux « races », de la guerre et fait ainsi éclater l'unité du concept de guerre défini par Clausewitz. Si la guerre authentique, pour Péguy, est bien un duel où prédomine l'esprit chevaleresque à la française et où l'on se bat pour l'honneur, l'autre guerre n'a plus rien d'un duel, elle vise la domination : c'est d'un côté la guerre telle que la pratiquent les Romains et de l'autre la guerre telle que la pensent les idéologues du pangermanisme.

---

1. Hegel, *Principes de la philosophie du droit*, partie III, section 3, « L'État », B : « Le droit public extérieur », trad. Jean-Louis Vieillard-Baron, GF-Flammarion, 1999, p. 384-387.

Au fond, pour Péguy, Clausewitz a artificiellement fondu dans son concept de guerre deux caractères différents : l'idée du *duel*, qui implique des valeurs chevaleresques où souffle l'esprit de la guerre, l'idée de l'*hégémonie* ou de l'*empire*, où seul compte l'anéantissement de l'adversaire. Aux yeux de Péguy, ce concept de guerre est une *synthèse impossible* de termes opposés.

On parle souvent de la guerre comme d'un immense duel, d'un duel entre peuples et réciproquement on parle souvent du duel comme d'une guerre pour ainsi dire réduite et schématisée, d'une guerre entre individus. On parle de la guerre comme d'un duel sur une grande échelle et du duel comme d'une guerre sur une petite échelle. C'est une bien grande confusion. Beaucoup d'obscurités historiques, et considérables, seraient éclairées peut-être, beaucoup de difficultés tomberaient si l'on voulait bien distinguer qu'il y a deux races de la guerre et qui n'ont peut-être rien de commun ensemble. Je ne dirai pas même que la vieille lutte pour la vie s'est divisée en deux races, dont l'une est la lutte pour l'honneur, l'autre la lutte pour le pouvoir. Je n'irai même pas jusqu'à attribuer à ces deux races de la guerre une origine commune. Je dirai : Il y a deux races de la guerre qui n'ont peut-être rien de commun ensemble et qui se sont constamment mêlées et démêlées dans l'histoire. L'une procède en effet du duel et l'autre n'en procède pas du tout. L'une est une extension du duel, littéralement un duel entre des peuples (ou comme dans *Les Horaces*, (mais ceci revient au même), entre des individus délégués par des peuples). Il y a une race de la guerre qui est une lutte pour l'honneur et il y a une tout autre race de la guerre qui est une lutte pour la domination. La première procède du duel. Elle est le duel. La deuxième ne l'est pas et n'en procède pas. Elle est même tout ce qu'il peut y avoir de plus étranger au duel, au code, à l'honneur. Mais elle n'est pas du tout étrangère à l'héroïsme.

Il y a une race de la guerre qui étant pour l'honneur est tout de même pour l'éternel. Et il y a une race de la guerre qui étant pour la domination est uniquement pour le temporel.

Il y a une race de la guerre où c'est la bataille qui importe et il y a une race de la guerre où c'est la victoire.

Il y a une race de la guerre où une victoire déshonorante (par exemple une victoire par trahison) est infiniment pire (et l'idée même en est insupportable) qu'une défaite honorable, (c'est-à-dire une défaite subie, et je dirai obtenue en un combat loyal).

Et il y a une race de la guerre au contraire pour qui la réussite justifie tout, une race de la guerre où l'idée ne vient pas même qu'il puisse y avoir une guerre qui soit déshonorante, pourvu qu'on y gagne, une race de la guerre où l'idée ne vient même pas qu'il puisse y avoir une victoire qui soit déshonorante.

Il y a une race de la guerre où tout tend à la beauté du combat et il y a une race de la guerre où tout tend au prononcé de la victoire.

Il y en a une où tout tend à l'énoncé et une où tout tend au prononcé.

Il y en a une où tout tend au posé du problème et une où tout tend à la solution.

Il y en a une qui tend à la position et une autre qui tend à la décision.

Il y en a une qui tend à la chevalerie et une qui tend à l'empire [1].

---

1. Péguy, *Œuvres en prose complètes III*, éd. Robert Burac, Gallimard, « Bibliothèque de la Pléiade », 1992, p. 1342-1343.

## 3 — *Les qualités du général*

### LE PORTRAIT DU GÉNÉRAL DANS L'ANTIQUITÉ

Dans le livre I, Clausewitz dresse un portrait des qualités physiques, morales et intellectuelles du général : il ne prend pas seulement le point de vue du *spectateur* pour qui la guerre est « sublime » d'un point de vue esthétique [1], mais celui de l'*auteur* qui fut aussi *acteur*, puisqu'il a effectivement participé à la guerre.

L'éloge des qualités du chef de guerre renvoie à un genre particulier illustré par le philosophe et moraliste Plutarque, celui de la biographie morale [2] des grands hommes doués de vertus qui trouvent à s'exercer dans la vie privée et dans la vie publique. Dans le cas d'hommes tels qu'Alexandre le Grand ou César, il n'existe pas de frontière entre les vertus privées et les vertus du chef de guerre. Le portrait d'Alexandre par Plutarque a pour ainsi dire une valeur d'autant plus grande que César prit modèle sur lui [3], et si l'on se rappelle qu'Alexandre lui-même avait les héros d'Homère pour modèles [4], on voit

---

1. « On peut discuter, autant qu'on voudra, en comparant l'homme d'État et le chef de guerre, pour savoir lequel des deux mérite, plus que l'autre, le respect ; le jugement esthétique décide en faveur du dernier. La guerre elle-même, lorsqu'elle est conduite avec ordre et respect sacré des droits civiques, a quelque chose en elle de sublime » (Kant, *Critique de la faculté de juger*, § 28, trad. Alexis Philonenko, Vrin, 1993, p. 144).

2. Plutarque, *Vies parallèles*, trad. J. Alexis Pierron, revue par Françoise Frazier, GF-Flammarion, 1995.

3. *Ibid.*, § 11, p. 135.

4. Plutarque rapporte qu'Alexandre tenait l'*Iliade* pour « un viatique de la valeur guerrière » et l'aimait tellement qu'il l'avait toujours avec lui sous son oreiller, à côté de son épée (voir Plutarque, *Vies parallèles*, *op. cit.*, § 8, p. 46).

comment le lien est très étroit entre le héros imaginé, idéalisé, et le chef de guerre. Dans le portrait qu'il fait d'Alexandre, Plutarque insiste à la fois sur son caractère emporté, colérique [1] – qui lui fait parfois commettre des actes violents –, et sur sa maîtrise de soi, sa tempérance, son courage physique et moral lors de grandes épreuves. Aristote fut le précepteur d'Alexandre [2] ; l'instruction de ce dernier ne fut donc pas négligée, ce qui fait de lui un homme accompli.

Un épisode concentre en quelques lignes cette synthèse du courage et de l'intelligence, de l'audace et de l'analyse froide, si difficiles à voir réunis chez les autres hommes. Alors qu'il tâche de dompter Bucéphale, son cheval, Alexandre fait montre à la fois de qualités de courage physique (absence de crainte) et d'une capacité d'analyse hors pair (la découverte de l'ombre qui rend Bucéphale craintif). Quand on sait la symbolique du cheval [3] dans la philosophie grecque, on comprend que cet épisode soit révélateur du caractère exceptionnel d'Alexandre. La parole prémonitoire de Philippe, le père d'Alexandre, complète ce portrait en y ajoutant l'ambition.

### Alexandre et Bucéphale

Philonicos le Thessalien amena un jour à Philippe Bucéphale, qu'il voulait lui vendre treize talents. On descendit donc dans la plaine pour essayer le cheval, mais on le trouva difficile et complètement rétif, ne souffrant pas de cavalier et se cabrant contre tous. Comme Philippe, mécontent, ordonnait de remmener cet animal qu'il jugeait totalement sauvage et indomptable, Alexandre, qui était là, s'écria :

« Quel cheval ils perdent là parce que l'expérience et l'énergie leur manquent pour pouvoir en venir à bout. »

---

1. En quoi il ressemble à Achille, le héros de l'*Iliade*.
2. Voir Plutarque, *Vies parallèles, op. cit.*, § 7, p. 45-46.
3. Dans le *Phèdre* (246a-e), Platon assimile l'âme à un attelage formé de deux chevaux dont l'un est obéissant et l'autre rétif (voir *Phèdre*, trad. Luc Brisson, GF-Flammarion, 2012, p. 109-110).

Philippe d'abord resta silencieux, mais devant l'insistance et l'émotion d'Alexandre :

« Tu blâmes, dit-il, toi, des gens plus âgés, comme si tu en savais plus long qu'eux et pouvais mieux venir à bout du cheval !

— Sans doute, reprit Alexandre, j'en viendrai mieux à bout que tout autre.

— Mais si tu échoues, quelle peine subiras-tu pour ta présomption ?

— Eh bien, dit Alexandre, je paierai le prix du cheval. »

Cette réponse fit rire tout le monde et Philippe paria avec son fils la somme dite. Sur quoi, aussitôt, Alexandre courut vers le cheval et prit les rênes pour lui tourner la tête face au soleil, ayant observé apparemment qu'il était effarouché par son ombre, qui se projetait et s'agitait devant lui. Il le flatta et le caressa doucement tant qu'il le vit souffler de colère, puis, laissant couler son manteau à terre, il s'élança d'un saut léger et l'enfourcha en maître. D'abord tirant doucement le mors avec les brides, il réussit, sans le frapper ni le harceler, à le contrôler, puis, dès qu'il s'aperçut que le cheval avait cessé d'être menaçant et ne demandait plus qu'à courir, alors il lui lâcha la bride et le lança en usant désormais d'un ton plus hardi et en le frappant du talon. Chez Philippe et son entourage, ce ne fut d'abord que silence et angoisse ; mais quand il tourna bride pour revenir tout droit, plein de fierté et de joie, la clameur fut générale et son père alla jusqu'à verser, dit-on, quelques larmes de joie ; lorsqu'il fut descendu de cheval, il le baisa au front :

« Mon fils, dit-il, cherche un royaume à ta mesure ! La Macédoine est trop petite pour toi [1]. »

Il est inutile de montrer comment on retrouve chez César les mêmes qualités que chez Alexandre, puisque le principe des *Vies parallèles* est justement de confronter les vertus d'un grand homme grec avec celles d'un grand homme romain pour attester qu'elles sont identiques. On prendra toutefois un exemple, celui du siège d'Alésia, où César se distingua par son courage.

---

1. Plutarque, « Vie d'Alexandre », *Vies parallèles*, *op. cit.*, p. 44-45.

## Le courage de César à Alésia

La majorité de ceux qui s'étaient échappés se retirèrent avec leur roi dans la ville d'Alésia. César assiégeait cette ville [1], que la hauteur de ses murailles et la multitude des troupes qui la défendaient faisaient regarder comme imprenable, quand surgit de l'extérieur un danger d'une ampleur inexprimable. Ce qu'il y avait de plus brave dans toutes les nations de la Gaule, s'étant rassemblé au nombre de trois cent mille hommes, vint en armes au secours d'Alésia ; or, les combattants, à l'intérieur, n'étaient pas moins de cent soixante-dix mille, si bien que César, enfermé et assiégé entre deux armées si puissantes, fut obligé de se protéger de deux murailles, l'une face à la ville et l'autre contre les survenants, car si les deux armées avaient opéré leur jonction, c'en était fait de lui. Aussi le péril qu'il courut devant Alésia lui valut-il, à plus d'un titre, une gloire méritée : car jamais il n'avait montré dans aucun combat de telles marques de son audace et de son habileté. Mais le plus étonnant, c'est que les assiégés ne se rendirent pas compte que César avait attaqué et défait tant de milliers d'hommes venus du dehors, pas plus – et la chose est plus étonnante encore – que ceux des Romains qui gardaient la circonvallation du côté de la ville et qui n'apprirent eux-mêmes la victoire de César que par les cris des hommes d'Alésia et les lamentations des femmes qui voyaient, de l'autre côté de la ville, une immense quantité de boucliers garnis d'or et d'argent, une immense quantité de cuirasses souillées de sang et encore de la vaisselle et des tentes gauloises transportées dans leur camp par les Romains : si vite se retrouva dissipée, comme un fantôme ou un songe, cette armée formidable, tous ayant péri dans le combat. Les assiégés, après s'être donné bien du mal à eux-mêmes et en avoir fait beaucoup à César, finirent par se rendre. Vercingétorix, qui avait été l'âme de toute cette guerre, fit parer son cheval, prit ses plus belles armes et sortit ainsi de la ville ; puis, après avoir fait caracoler son cheval autour de César, qui était assis, il mit pied à terre, jeta toutes ses armes et alla s'asseoir aux pieds de César, où il se tint en silence, jusqu'au moment où César le remit à ses gardes en vue de son triomphe [2].

---

1. Le siège eut lieu de juillet à septembre 52.
2. Plutarque, « Vie de César », *Vies parallèles, op. cit.*, p. 150-151.

## PORTRAIT DU GÉNÉRAL EN MENEUR D'HOMMES

Avec Frédéric II (1712-1786), le général perd de son aura : ce n'est plus le grand homme doué de qualités morales exceptionnelles, mais un grand meneur d'hommes et un stratège habile, soucieux du moindre détail et attentif à ce que Clausewitz appellera les « forces morales », le moral des troupes.

Le général n'est plus seulement là pour être admiré par la postérité : il doit avoir un sens de la synthèse qui ne lui fait rien négliger d'essentiel pour le bon déroulement des opérations. Toujours actif, anticipant le cours des choses et ne perdant pas de temps à réagir, ce général idéal semble concentrer dans sa personne les multiples fonctions qui normalement sont exécutées par les différents membres de l'état-major.

### Article XII
### Des talents qu'il faut à un général

Un parfait capitaine est un être de raison ; c'est la république platonicienne, c'est le centre de gravité des philosophes, c'est l'or potable des chimistes [1]. La perfection est incompatible en tout genre avec l'humanité ; mais le sentiment de notre imperfection ne doit pas nous empêcher de tracer de parfaits modèles, pour que ces âmes généreuses, animées d'un principe d'honneur et d'émulation, en approchent en partie, si elles ne peuvent pas l'imiter en entier.

Ce ne sont, après tout, que les grands exemples et les grands modèles qui forment les hommes ; et si des héros comme Eugène, Condé, Turenne ou César [2] attirent notre

---

1. Autant d'expressions par lesquelles Frédéric désigne ce que ce portrait du général a d'idéal : la « république platonicienne » renvoie à la cité idéale décrite par Platon dans *La République* et qui est devenue synonyme d'utopie, voire de chimère. En alchimie l'« or potable » désigne une préparation douée du pouvoir de guérir toutes les maladies et de prolonger la durée de la vie.

2. Eugène de Savoie-Carignan, dit le prince Eugène (1663-1736), fils du prince de Savoie-Carignan et d'Olympe Mancini, une nièce de Mazarin : devant le refus de Louis XIV de le prendre dans son armée,

admiration, combien plus ne doit-on point être ému par un tableau qui nous représente leurs différentes perfections réunies ensemble ! Combien de vertus contradictoires n'entrent pas dans la composition d'un général !

Je suppose, devant toutes choses, qu'il soit honnête homme et bon citoyen, qualités sans lesquelles l'habileté et l'art de la guerre sont plus pernicieux qu'utiles. On demande, de plus, qu'il soit dissimulé, paraissant naturel, doux et sévère, sans cesse défiant et toujours tranquille, ménager par humanité et quelquefois prodigue du sang de ses soldats, travaillant de la tête, agissant de sa personne, discret, profond, instruit de tout, n'oubliant pas une chose pour en faire une autre, et ne négligeant pas comme étant au-dessous de lui ces petits détails qui tiennent si fort aux grandes choses.

Je recommande toutes ces qualités, à cause de leur importance. En voici la raison. L'art de cacher sa pensée, ou la dissimulation, est indispensable à tout homme qui a de grandes affaires à conduire. Toute l'armée lit son sort sur son visage ; elle examine les causes de sa bonne ou de sa méchante humeur, ses gestes ; en un mot, rien n'échappe. Quand il est pensif, les officiers disent : « Sans doute que notre général couve un grand dessein. » A-t-il l'air triste ou chagrin : « Ah ! dit-on, c'est que les affaires vont mal. » Leur imagination, qui se donne à de vaines conjectures, croit pis que le mal réel. Ces bruits découragent, ils courent l'armée, et passent de votre camp dans celui de l'ennemi. Il faut donc que le général soit comme un comédien, qui monte son visage sur l'air qui convient au rôle qu'il veut jouer, et, s'il n'est pas maître de lui-même, qu'il affecte une maladie, ou qu'il invente quelque prétexte spécieux pour donner le change au public. Arrive-t-il quelque mauvaise nouvelle, on

il se mit au service de l'empereur d'Allemagne Léopold Ier et s'illustra dans de nombreux combats contre les Turcs. Le prince de Condé Louis II de Bourbon, dit le Grand Condé (1621-1686), fils d'Henri II de Bourbon, neveu d'Henri IV et de Charlotte de Montmorency : il se signala par ses victoires sur les Espagnols (victoire de Rocroi le 19 mai 1643) lors de la guerre de Trente Ans et dans d'autres batailles (Fribourg, les 3-9 août 1644, Nördlingen, le 3 août 1645, prise de Dunkerque le 7 octobre 1646). Henri de La Tour d'Auvergne, vicomte de Turenne (1611-1675), maréchal de France : il mourut à la bataille de Salzbach. Sur César, voir *supra*, p. 151.

fait semblant de la mépriser devant le monde, on étale avec ostentation le nombre et la grandeur de ses ressources, on dédaigne l'ennemi en public, on le respecte en particulier. Si quelque parti essuie une disgrâce à la petite guerre, on en examine la raison ; on trouve toujours que c'est la mauvaise conduite ou l'ignorance de l'officier qui l'a mené qui en est la cause ; on dit ouvertement que ce n'est point faute de la bravoure des troupes qui ont eu à essuyer ce malheur ; on examine les fautes de cet officier, et on en fait une leçon aux autres. De cette façon vous instruisez les officiers, et vous n'ôtez point aux troupes la confiance qu'elles ont en leurs propres forces.

La douceur et la sévérité s'exercent alternativement avec le soldat ; il faut que le général soit populaire, qu'il parle aux soldats, soit lorsqu'il passe dans leurs tentes, ou lorsque c'est un jour de marche. On voit quelquefois si la marmite va bien, on entre dans leurs petits besoins et l'on fait ce que l'on peut pour les soulager, on leur épargne des fatigues inutiles. Mais on fait tomber toute la rigueur de la loi sur le soldat mutin, sur le raisonneur, sur le pillard, et l'on fait, lorsqu'il est nécessaire, des punitions sévères aux déserteurs. En un mot, tout ce qui regarde le service doit être regardé gravement ; tout ce qui est hors de là souffre de l'indulgence. On loue les officiers des belles actions qu'ils ont faites, on leur fait des honnêtetés, on leur rend service ; mais on ne les épargne pas dans toutes les choses qui regardent leur devoir, et on les oblige à le faire par force quand ils le négligent. [...]

Quelquefois la sûreté vous endort, et je demande qu'un général veille toujours sur le dessein de ses ennemis ; il est la sentinelle de son armée, il doit voir, entendre, prévoir et prévenir pour elle tout le mal qui pourrait lui arriver. C'est après les plus grands avantages qu'il faut être le plus défiant. On croit l'ennemi découragé, et vous tombez en léthargie sur toutes ses entreprises. Souvent un ennemi habile vous amuse par de feintes propositions de paix ; ne donnez pas légèrement dans ce piège, et songez que ses intentions ne sauraient être sincères.

Il faut toujours raisonner sur la situation où l'on se trouve, et dire : « Quel dessein formerais-je, si j'étais de l'ennemi ? » Après en avoir imaginé plusieurs, il faut penser aux moyens de les faire échouer, et surtout corriger sur-le-champ ce qu'il y a de défectueux ou dans votre position, ou dans votre campement, ou dans vos dépôts, ou dans vos détachements. Ces corrections doivent être promptes : les heures décident de beaucoup à la guerre, et c'est là que l'on apprend à connaître le prix des moments. Que tout cela ne vous rende pas timide, car la hardiesse veut être jointe à la circonspection ; et comme on ne peut jamais démontrer la sûreté d'une entreprise, il suffit de la bien disposer. L'événement doit se remettre à la fortune. Cela se réduit donc à prévoir et à éviter tout le mal que l'ennemi pourrait nous faire, et à lui donner tant d'appréhensions pour lui-même que ces inquiétudes et vos entreprises continuelles le réduisent à la défensive. […]

Le principal ouvrage du général, c'est le travail du cabinet, faire des projets, combiner des idées, réfléchir sur les avantages, choisir ses positions principales, prévoir les desseins des ennemis, les prévenir et les inquiéter sans cesse. Mais cela ne suffit pas ; il faut encore qu'il soit actif, qu'il ordonne et qu'il exécute, qu'il voie toujours par lui-même. Il faut donc qu'il prenne ses camps, qu'il pose ses gardes, et qu'il se promène souvent à l'entour du camp pour se rendre les situations familières ; car, s'il lui arrivait d'être attaqué à l'improviste, rien ne lui sera nouveau. Les situations se sont si bien imprimées dans son esprit, qu'il peut donner ses ordres de tous côtés, comme s'il était sur les lieux, et que rien ne peut arriver à quoi il n'ait pensé d'avance ; ainsi ses dispositions seront toujours justes. Il faut donc raisonner en soi-même sur les positions de détail d'un camp et les revoir souvent, car quelquefois les bonnes idées ne viennent qu'après avoir réfléchi sur le même objet plusieurs fois. Soyez donc actif et infatigable, et défaites-vous de toute paresse de corps et d'esprit, sans quoi vous n'égalerez jamais les grands capitaines qui nous servent d'exemple. […]

La première précaution que l'on prend est de donner des chiffres [1] à tous les généraux qui commandent des corps ou dans des forteresses, pour qu'une lettre interceptée ne renverse pas vos desseins. On cache même, à la guerre, ses véritables intentions, et comme telle entreprise demande

---

1. Ce terme désigne les caractères utilisés pour une correspondance secrète et disposés selon une convention convenue antérieurement : les chiffres permettent de coder un message en utilisant des lettres, des nombres, des signes qui remplacent chaque lettre du message à rendre secret.

beaucoup et divers préparatifs, on les fait sous d'autres pré-
textes, et l'on déroute ceux qui veulent en pénétrer le but.
On ne donne souvent les ordres et les dispositions que sur le
tard et la veille qu'on les veut exécuter. Il ne faut pas
employer souvent la même ruse pour cacher ses desseins,
mais les varier et en inventer souvent de nouvelles ; car un
général est environné de cinquante mille curieux de son
armée qui veulent le deviner, et d'ennemis qui ont un plus
grand intérêt encore à approfondir ses vues.

Il faut que le général pèse tous ses desseins avec circonspection, qu'il soit lent dans ses délibérations, mais qu'il
prenne des résolutions courtes dans des jours de bataille et
dans des cas inopinés, et qu'il sache qu'il vaut mieux prendre
une mauvaise résolution et l'exécuter sur-le-champ que de
n'en prendre aucune [1].

## Napoléon, Frédéric II et Clausewitz

Dans une note de son commentaire du traité *De la
guerre*, Raymond Aron rappelle le rôle déterminant que
jouèrent Frédéric II et Napoléon dans la genèse de sa
pensée de Clausewitz [2]. Ce dernier détesta et tout à la
fois admira le « dieu de la guerre » qu'était Napoléon.
Pour autant, il n'est pas avare de critiques à l'égard du
grand Frédéric dont les succès militaires et la renommée
avaient causé une vague de prussomanie [3] en Europe.

[Clausewitz] appelle Bonaparte le plus résolu des chefs de
guerre qui ait jamais existé, le plus grand chef de guerre des

1. Frédéric II, « Les principes généraux de la guerre », dans *Œuvres
de Frédéric le Grand*, Berlin, Rodolphe Decker, 1856, t. XXVIII,
p. 39-43.
2. Raymond Aron, *Penser la guerre, Clausewitz*, t. I : *L'Âge européen*,
Gallimard, « Bibliothèque des sciences humaines », 1976, note XXXVI,
p. 446-450.
3. Dans *De la monarchie prussienne sous Frédéric le Grand* (1788)
Honoré Gabriel Riquetti (1749-1791), comte de Mirabeau, montre le
lien entre les succès de Frédéric et l'organisation de l'armée prussienne.

Temps modernes, il l'appelle aussi un joueur passionné, *der sich oft in ein toiles Extrem wagt* (« qui prend souvent des risques extrêmes jusqu'à la folie »), il lui attribue la *Riicksichtslosigkeit* que l'on peut interpréter comme énergie poussée jusqu'à l'indifférence à l'égard de toute considération humaine, en particulier à l'égard des souffrances de ses soldats. On ne saurait donc affirmer qu'il méconnaisse la grandeur de son ennemi, même s'il lui reproche d'avoir poussé trop loin ses qualités, l'obstination [1] (en particulier à la Belle-Alliance [2] où, prolongeant une bataille perdue, il dut finalement fuir le champ de bataille comme un mendiant sans un sou en poche). Pas davantage il ne ménage les éloges à l'armée de Napoléon : non pas seulement dans le chapitre sur la vertu guerrière de l'armée [3] où il ne mentionne pas explicitement les troupes françaises mais dans le chapitre VI du livre II où il les prend pour exemple du niveau suprême de courage et de sacrifices auquel une troupe, trempée par les combats et exaltée par les victoires, parvient à s'élever.

Il se réfère maintes fois à Napoléon pour fonder les principes auxquels il attache le plus de prix, par exemple qu'en dernière analyse les succès tactiques décident de tout, qu'il faut s'assurer la plus grande supériorité possible sur les points essentiels et que la ligne droite, la route directe d'une capitale à une autre, répond aux impératifs normaux de l'attaque (ne pas perdre de temps, frapper le coup décisif le plus vite possible). Aux yeux de Clausewitz, Napoléon a donné leur forme grandiose, finale, aux méthodes qu'avaient inaugurées et improvisées les généraux de la Révolution. C'est lui qui confirme la portée du concept de guerre absolue,

---

1. Dans le chapitre III du livre I consacré au génie guerrier, Clausewitz critique l'opiniâtreté (ou l'obstination) qui est un « défaut du tempérament » : « Cette inflexibilité de la volonté, cette irritabilité devant les objections, ne peuvent être attribuées qu'à une espèce d'*égoïsme*, qui place au-dessus de toutes choses le *plaisir de faire dominer sur lui-même et sur les autres sa propre pensée, à l'exclusion de toute autre* » (voir *supra*, p. 91).

2. En Prusse, la bataille de Waterloo est désignée comme « Belle Alliance Sieg », victoire de la Belle Alliance : ce terme renvoie à une ferme ainsi dénommée qui était au centre du dispositif français le matin de la bataille (le 18 juin 1815).

3. On se rapportera au chapitre III du livre I, *supra*, p. 70 *sq.*

c'est lui qui apparaît à la fin de la lignée des Gustave-Adolphe, Charles XII et Frédéric II.

En simplifiant, on peut dire que Frédéric II et Napoléon manifestèrent les mêmes qualités, avec des instruments et dans des circonstances autres. Mêmes qualités : le *Traité* nous en donne de nombreuses illustrations. Choisissons-en une, la plus caractéristique, me semble-t-il : « La juste appréciation de leur adversaire (Daun, Schwarzenberg), le risque pris en ne leur opposant quelque temps que de faibles forces, l'énergie nécessaire aux marches forcées, l'audace d'assauts rapides, l'activité accrue à laquelle s'élèvent les grandes âmes à l'instant du danger : voilà les raisons des victoires – et qu'ont-elles à faire avec la capacité d'ajuster l'une à l'autre deux choses aussi simples que l'espace et le temps [1] ? » Ce passage se situe à l'intérieur du chapitre consacré à la supériorité du nombre. Il veut démontrer que la théorie ne doit pas nier l'importance de la supériorité numérique mais que l'art consiste à s'assurer une supériorité, au moins relative, sur le point décisif à défaut d'une supériorité d'ensemble. À partir de cette idée vraie, les théoriciens ont développé une conception fausse : les calculs du temps et de l'espace font bien le pain quotidien de la stratégie mais il ne s'agit pas à proprement parler de calcul. Les qualités grâce auxquelles les deux héros remportèrent la victoire témoignent avant tout de la « libre activité de l'âme [2] », énergie, audace, rapidité à partir d'une juste appréciation de l'adversaire.

La suite du texte accentue encore le rapprochement entre Frédéric et Napoléon : « À vrai dire, ce jeu même de ricochet des forces où les victoires de Rossbach et de Montmirail donnent l'élan à celles de Leuthen et de Montereau, ce jeu auquel de grands chefs de guerre ont souvent fait confiance dans la défensive se produit rarement dans l'histoire, si nous voulons être clairs et précis. Bien plus souvent la supériorité relative, autrement dit la conduite habile des forces supérieures au point décisif a pour cause l'*appréciation juste* de

---

1. *De la guerre*, livre III (« De la stratégie en général »), chap. VIII, « La supériorité numérique ».

2. Clausewitz utilise cette expression dans le chapitre I du livre I, § 28 : c'est le hasard qui, à la guerre, donne occasion à « l'*activité libre de l'âme* » de se manifester (voir *supra*, p. 46).

ces points et l'*orientation* que les troupes reçoivent dès l'origine, la *résolution* nécessaire pour laisser tomber le secondaire dans l'intérêt de l'essentiel, c'est-à-dire de tenir ses forces *concentrées* à un haut degré. Voilà ce qui caractérise Frédéric le Grand et Bonaparte [1]. »

Les mots que j'ai soulignés, appréciation juste, résolution, concentration représentent respectivement une qualité de l'entendement, une vertu du caractère, un principe de la stratégie. Clausewitz souligne également, à plusieurs reprises le goût de l'offensive et l'audace de Frédéric, la rapidité et la précision de ses mouvements, la supériorité morale qu'il possédait sur ses adversaires. Il le qualifie de *zu stolz, keck und eigensinnig*, « trop fier, téméraire et obstiné » dans quelques-unes de ses décisions.

Ne revenons pas sur les différences multiples en ce qui concerne le recrutement des soldats, l'organisation des armées, la méthode de ravitaillement, les formations au combat, le système des idées stratégiques. De plus et surtout, Frédéric n'a possédé que rarement la supériorité numérique (au cours de la guerre de Sept Ans, il ne l'a possédée qu'en 1756 et 1757) alors que Napoléon l'a possédée durant toute la première partie de sa carrière. Frédéric II, doué de vertus comparables à celles de Napoléon, doit finalement sa victoire à des vertus étrangères au joueur passionné : modération des objectifs, sage économie des forces. [...]

Quel est le véritable héros de Clausewitz ? Celui qui a réussi ou celui qui a tout perdu ? Le joueur passionné ou l'homme de la modération et de la sagesse ? Frédéric n'a guère songé à des victoires napoléoniennes parce que l'infériorité des forces et les conditions politiques les lui interdisaient. Napoléon révéla au monde stupéfié la violence guerrière en toute son énergie : en ce sens le plus grand des chefs de guerre. Mais si la campagne de Russie ressemble, pour l'essentiel, à toutes les campagnes de l'Empereur (ou de Bonaparte), l'issue fatale ne dévoile-t-elle pas l'illusion des victoires antérieures ? Étrange manière de justifier la conduite qui mena au désastre de la Grande Armée que d'y

---

1. *De la guerre*, livre III (« De la stratégie en général »), chap. VIII, « La supériorité numérique ».

reconnaître les traits permanents de l'esprit du plus grand chef de guerre [1].

## LA BATAILLE D'IÉNA, OU LE GÉNIE GUERRIER EN ACTE

Cette gravure de la bataille d'Iéna (14 octobre 1806) représente la guerre moderne telle que la décrit Clausewitz dans le livre *De la guerre*. Avant d'en faire la théorie, Clausewitz, à de nombreuses reprises, fit l'expérience de la guerre sur le terrain [2], comme à Iéna où le futur penseur de la guerre faisait face à Napoléon, que Hegel appela « l'âme du monde » à cheval [3].

La bataille est représentée à partir du camp français : on reconnaît au premier plan Napoléon, coiffé de son bicorne (le chapeau militaire), sa redingote de couleur claire. Une partie de son état-major se trouve derrière lui, à une distance respectueuse. C'est l'occasion de se rappeler les propos de Clausewitz qui évoque la solitude du général. L'espace entre le général et l'état-major ne se réduit pas à la différence des grades : toutes les vertus que Clausewitz attribue au chef [4], comme les stoïciens

1. Raymond Aron, *Penser la guerre, Clausewitz*, t. I : *L'Âge européen*, © Gallimard, « Bibliothèque des sciences humaines », 1976, t. I, *L'Âge européen*, p. 446-450.

2. Nommé capitaine et aide de camp du prince Auguste, Clausewitz combattit en 1806 à Iéna, à Prenzlau et enfin à Auerstaedt, où il fut capturé.

3. Hegel, qui se trouvait sur place, évoque la journée où Iéna fut occupée par les Français et parle de l'Empereur comme de l'« âme du monde » dans une formule célèbre (voir Présentation, *supra*, p. IX-X). L'« âme du monde » (*Weltseele*), remise à la mode par les philosophies romantiques de la nature, est un concept venant de l'Antiquité : par analogie avec le corps, qui suppose une âme qui le dirige et le conduit, on donnait au monde une âme, ce qui en faisait un *cosmos*, c'est-à-dire un tout ordonné. De même, le général est celui qui d'un *chaos* (la bataille) doit faire un *cosmos* (la réalisation d'un plan).

4. *De la guerre*, livre I, chap. III, voir *supra*, p. 70 *sq*.

Napoléon I<sup>er</sup> à la bataille d'Iéna, 14 octobre 1806
(école française, XIX<sup>e</sup> siècle)

© Abecasis/Leemage

qui accordaient par principe toutes les vertus au sage, supposent presque une différence de nature entre celui qui commande et ceux qui exécutent.

L'Empereur supervise la bataille et cette tâche lui est d'autant plus facilitée qu'à Iéna, contrairement à Austerlitz (2 décembre 1805), il a conquis, à l'insu de l'armée ennemie des Prussiens, un plateau qui lui donne une position de surplomb sur le théâtre de la guerre. Du haut de sa position, l'Empereur incarne ce chef de guerre décrit par Clausewitz dans le chapitre III de *De la guerre* : de la main droite, il montre quelque chose ou donne un ordre. Le contact avec le champ de bataille est assuré par une estafette, un soldat qui fait face à l'Empereur et qui peut-être lui apporte des renseignements. Comme l'a dit aussi Clausewitz dans le livre I, les informations sont incertaines avant et après la bataille et le hasard peut souvent causer des « frictions » qui déjouent les prévisions [1]. Toute information nouvelle est donc bonne à prendre. À gauche, on distingue des feux d'artillerie qui sont devenus indispensables dans toute bataille moderne. Çà et là, des fumées contribuent à diminuer la visibilité dans les combats et qui pourraient en rendre l'issue incertaine. Ce que Clausewitz décrit sous la forme abstraite du concept pur [2] de la guerre se réalise ici dans l'affrontement des deux armées : l'armée française avec, de gauche à droite, les corps de Charles Augereau, de Jean Lannes, de Michel Ney et de Jean-de-Dieu Soult, qui précèdent la garde impériale et la cavalerie de Joachim Murat, face à l'armée prussienne disposée en deux colonnes parallèles. Les guerres modernes sont devenues des guerres de masse, qui rendent difficile la saisie globale du champ de bataille, tant le front s'étire à l'horizon. C'est parce qu'on ne peut plus tout *voir* qu'il faut *prévoir*, tout en laissant sa part au hasard qui peut favoriser

---

1. *Ibid.*, livre I, chap. I, § 20-22, voir *supra*, p. 37-39 ; livre I, chap. VII, voir *supra*, p. 111-115.

2. *Ibid.*, livre I, chap. I, § 2 *sq.*, voir *supra*, p. 9-11.

ou contrecarrer le plan initial et l'enchaînement des opérations.

La bataille tourna au désastre pour l'armée prussienne : les lignes furent enfoncées et les Saxons disposés en carrés furent décimés par la cavalerie française. L'artillerie pilonna les restes de l'armée ennemie et Napoléon fit poursuivre les Prussiens en déroute. La défaite des Prussiens précéda l'entrée de l'Empereur à Berlin, où il imposa des conditions particulièrement lourdes à la Prusse avec une perte territoriale qui devait attiser une réaction patriotique antifrançaise. Soucieux de son image et de propagande, Napoléon fit imprimer dans le *Bulletin de la Grande Armée* [1] le récit suivant, qui corrige l'impression d'un général éloigné du champ de bataille et confirme surtout le rôle des forces morales [2] dans la bataille. L'Empereur n'est pas seulement une tête qui calcule, il sait galvaniser les troupes par ses encouragements, sans confondre le courage avec la témérité :

> Au fort de la mêlée, l'Empereur, voyant ses ailes menacées par la cavalerie, se portait au galop pour ordonner des manœuvres et des changements de front en carrés. Il était interrompu à chaque instant par des cris de « Vive l'Empereur ! ». La garde impériale à pied voyait, avec un dépit qu'elle ne pouvait dissimuler, tout le monde aux mains et elle dans l'inaction. Plusieurs voix firent entendre les mots : « En avant ! » « Qu'est-ce ? » dit l'Empereur. « Ce ne peut être qu'un jeune homme qui n'a pas de barbe qui peut vouloir préjuger ce que je dois faire ; qu'il attende qu'il ait commandé dans trente batailles rangées, avant de prétendre me donner des avis. » C'étaient effectivement des vélites [3] dont le jeune courage était impatient de se signaler [4].

---

1. Périodique publié dans le journal officiel de l'Empire, *Le Moniteur*, et qui était largement diffusé : c'était un moyen de manifester partout la gloire de l'Empereur.

2. Voir livre I, chap. II, *supra*, p. 81 *sq.*

3. Dans l'armée romaine, soldats des troupes d'infanterie légère, au IIe et au début du Ier siècle av. J.-C. Dans la garde impériale, il s'agissait d'un corps de chasseurs à pied.

4. Voir : http://www.histoire-empire.org/correspondance_de_napoleon/1806/oct_02.htm

## LA GUERRE TOTALE

Dans les années 1930, le général Erich Ludendorff
(1865-1937) théorisa la guerre totale [1] en réfléchissant
aux causes de la défaite de 1918, dont la principale fut à
ses yeux la divergence entre la direction politique et la
direction militaire de la guerre.

À partir d'une vision géopolitique pangermaniste au
service de laquelle la guerre est un moyen d'extension
vitale de la race aryenne, Ludendorff renverse la formule
clausewitzienne : c'est la politique qui devient un instrument de la guerre. Cette transformation de la guerre en
fin suprême (militarisme) est corrélative des transformations techniques qui, selon Ludendorff, permettent de
rendre destructrices les guerres de masse moderne.

Ludendorff estime que Clausewitz a eu raison de faire
de l'anéantissement le but de toute guerre, mais ses analyses seraient périmées depuis la Première Guerre mondiale. Dans une guerre *devenue* totale, le concept pur de
la guerre ou la guerre absolue deviendrait réel : la
conduite des opérations militaires devrait être totalement
subordonnée à l'état-major (et si possible à un seul chef),
la guerre étant une chose trop grave pour être laissée à
des politiques (voir, dans *La Guerre totale*, le chap. VII,
consacré au général en chef).

> [Lors de la Première Guerre mondiale,] non seulement les
> forces armées des États belligérants, poursuivant leur des-
> truction réciproque, menaient les opérations, mais les
> peuples eux-mêmes se voyaient prendre part à l'action, la

---

1. Erich Ludendorff, *Der totale Krieg*, Munich, 1935.

guerre maintenant les atteignait directement et les entraînait dans les pires souffrances. Et dans mes *Mémoires de guerre*[1], je caractérisais ainsi ce conflit :

« Les armées et les flottes combattaient les unes contre les autres, de la même manière qu'elles l'avaient fait autrefois, tout en déployant des forces plus puissantes que jamais. Mais à la rencontre du passé, les peuples se massaient avec toute leur énergie derrière leurs armées...

« Dans cette guerre, il était difficile de distinguer où commençait la force armée proprement dite, où s'arrêtait celle du peuple. Peuple et armée ne faisaient qu'un. Le monde assistait, au sens propre du mot, à la guerre des peuples. De toutes leurs forces, les puissants États s'affrontaient. Aux combats sur des fronts immenses et sur les mers lointaines se joignait la lutte contre les forces psychiques et vitales des peuples, qu'il s'agissait de dissocier et de paralyser. »

La guerre totale, qui n'est pas seulement l'affaire des forces armées, mais qui touche aussi la vie immédiate et l'âme de chaque membre des peuples belligérants, n'était pas née uniquement de conditions politiques nouvelles où s'affirmait toujours plus nettement la concurrence entre le peuple juif et l'Église romaine, aspirant fiévreusement tous deux à dominer les peuples, à les affaiblir, à saigner à blanc les récalcitrants ; mais aussi du service militaire obligatoire, vu la densité croissante de la population, et enfin des moyens de combat dont les effets se montrèrent toujours plus destructifs. Le temps des différents genres de guerres était révolu. Depuis, la guerre totale a gagné en profondeur, tant au perfectionnement et à l'augmentation de l'aviation qui lance non seulement des bombes, mais aussi des tracts et des brochures de propagande sur les populations, qu'au perfectionnement et à l'augmentation des stations radiophoniques qui diffusent la propagande du côté de l'ennemi. Si, dans la guerre mondiale, les armées ennemies combattaient déjà sur des zones immenses qui, comme la guerre elle-même, lésaient durement la population du pays envahi, aujourd'hui, le champ de bataille, au sens propre du mot, s'étendra sur la totalité des territoires des peuples belligérants. La population

---

1. Erich Ludendorff, *Meine Kriegserinnerungen (1914-1918)*, Berlin, 1919.

civile, comme les armées, subira l'action directe de la guerre, quoique échelonnée dans chacune de ses parties, elle aura à souffrir de ses moyens indirects, matériels et moraux, du blocus de la faim et de la propagande ennemie, tout comme naguère les habitants des places fortes assiégées, que la misère et l'épuisement obligeaient de capituler. La guerre totale ne vise donc pas seulement l'armée, mais aussi les peuples. C'est là une vérité inexorable et indubitable, et tous les moyens de combat imaginables sont conformes à cette vérité et devront s'y conformer toujours. « Œil pour œil, dent pour dent », telle sera la véritable devise de la guerre totale. Cela créera de formidables tensions chez tous les peuples belligérants. Par son essence même, la guerre totale ne peut être faite que si l'existence du peuple entier est menacée et s'il est décidé à en assumer la charge. [...]

Des conséquences saisissantes découlent nécessairement du caractère de la guerre totale. De même que depuis Clausewitz, donc depuis près d'un siècle, le caractère de la guerre s'est modifié, de même se sont modifiés les rapports entre la politique et la guerre. La politique elle-même, par conséquent, aurait dû changer. [...]

Le caractère de la guerre totale exige toute la force d'un peuple dès qu'elle se dresse contre lui.

Suivant cette évolution et sous l'influence de faits immuables, le cercle des devoirs de la politique aurait dû s'élargir et transformer la politique même. Celle-ci doit, comme la guerre, avoir un caractère total. Pour obtenir le maximum de puissance d'un peuple dans une guerre totale, la politique doit s'identifier au principe conservateur de la vie du peuple, fait à sa mesure. Elle doit observer très exactement les besoins du peuple dans tous les domaines et non point en dernier lieu dans le domaine psychique. Comme la guerre exige la plus haute tension, la politique totale doit déjà en temps de paix se préparer à soutenir cette lutte vitale du temps de guerre. Elle doit affermir la base de cette lutte et la rendre si puissante qu'elle ne puisse être ni déplacée, ni ébranlée, ni entièrement détruite par les efforts de l'ennemi.

Le caractère de la guerre et celui de la politique étant changés, les rapports entre la politique et la stratégie militaire doivent se modifier. Toutes les théories de von Clausewitz sont à remplacer. La guerre et la politique servent la conservation du peuple, mais la guerre reste la suprême expression de volonté de vie raciale. C'est pourquoi la politique doit servir la guerre.

Plus les peuples reprennent conscience de leur race, plus l'âme du peuple se manifeste, plus les conditions raciales de la vie sont clairement comprises, et mieux on discernera les menées destructives des puissances occultes internationales, du peuple juif et de l'Église romaine qui, dans leur désir de dominer le monde et dans leurs procédés politiques, piétinent les peuples, plus se constituera d'elle-même une politique qui cherchera une conservation vitale du peuple et qui aura conscience des exigences de la guerre totale. Elle sera purement et simplement la politique raciale et se mettra docilement au service de la guerre, car toutes deux n'ont qu'un seul but : la conservation du peuple [1].

## LA GUERRE ET LA TECHNIQUE

Au même moment, Charles de Gaulle (1890-1970) réfléchit, dans *Vers l'armée de métier* (1933), aux transformations de la guerre moderne en mettant en rapport la *mécanisation* de la guerre et la *professionnalisation* des armées : le machinisme modifie la façon de combattre et exige la formation d'une *armée de métier* plus efficace que la conscription – le retour de la qualité par la technique remet ainsi en cause la thèse quantitative de la supériorité du nombre de combattants. Si la technique modifie la guerre, la relation entre cette dernière et la politique change aussi : non seulement elle est un moyen de la politique, mais elle dépend aussi, à présent, de la technique. Même si de Gaulle ne pense pas à Clausewitz dans cette analyse prémonitoire [2] de la Seconde Guerre

---

1. Erich Ludendorff, *La Guerre totale*, trad. Arthur S. Pfannstiel, © Perrin, 2010, p. 49-65.

2. Le général de Gaulle donnait aux chars une place significative dans cette nouvelle armée et, en 1940, le *Blitzkrieg* fut remporté grâce aux chars du côté allemand.

mondiale, on voit bien que la place accrue de l'appareil technique incite à questionner la définition clausewitzienne de la guerre.

Tandis que le machinisme coule en [son] moule nouveau l'activité des humains, l'ordre militaire en reçoit la même empreinte. Au reste, non sans à-coups, car dans les œuvres de la guerre l'expérience est discontinue. Cependant, de crise en crise, un matériel toujours plus puissant s'est incorporé aux armées. Le résultat, que voici cent ans tant de soldats ensemble obtenaient péniblement, quelques engins perfectionnés ont tôt fait de l'accomplir. Aux Pyramides, un carré de bataillon tirait deux mille balles pendant une minute. C'est le travail de trois mitrailleuses et qui portent dix fois plus loin. Il fallait au *Bucentaure* [1], pour virer de bord, trois cents matelots manœuvrant sa voilure ; avec un homme à la barre et un autre au servomoteur la *Lorraine* [2] en fait autant. Un avion, dans une heure de temps, peut découvrir de l'ennemi plus qu'en un jour entier toute la cavalerie de Murat. Et, si vingt estafettes ne suffirent point à amener Grouchy jusqu'à Waterloo, des radios instantanés orientent aujourd'hui les armées et les flottes.

Mais à leur tour, en s'associant si largement le matériel, les guerriers tombent à sa merci. Leur valeur ni leur vertu ne peuvent rien, désormais, sinon en fonction de l'outillage qu'ils mettent en œuvre. Il ne s'agit plus de faire sentir à l'ennemi la force de son bras, mais bien de manœuvrer un tube, une boîte, un volant. Des troupes, naguère, c'étaient des hommes liés les uns aux autres, organisés de telle façon que la cohésion des muscles et des cœurs fût assurée le mieux possible ; aujourd'hui, ce sont des machines conjuguant leurs effets et des équipes formées pour leur service. Viennent à fléchir les instruments autour desquels l'action gravite, aussitôt la puissance militaire se trouve dissociée. Comme l'usine est paralysée par la rupture d'une courroie, ainsi se taisent les batteries dont l'observatoire s'écroule. Et l'on voit le divisionnaire, lorsque les fils sont coupés, éperdu autant qu'un banquier qui n'aurait plus le téléphone. [...]

---

1. Navire de guerre français en service de 1803 à 1805.
2. Paquebot mis en service en 1900 et converti en navire militaire à partir d'août 1914.

Le grognard chargeait son arme, mettait en joue, faisait feu à commandement et ne s'occupait point du reste. Mais, pour faire rendre tout le possible à un fusil automatique, il ne suffit pas qu'on le braque, l'alimente et le tire. Il faut, en outre, utiliser le terrain, recourir au camouflage, marcher, guetter, combattre la nuit, mesurer des distances, échanger avec les voisins des signaux codifiés, se servir à l'occasion d'une jumelle, d'une boussole, d'une carte, porter le masque, manier la pelle, la pioche, la serpe, la hache, s'adapter constamment à des circonstances changeantes. L'armée, jusqu'au plus modeste de ses membres, subit la loi du progrès, en vertu de laquelle tout perfectionnement qui grandit la puissance des hommes, en fait, multiplie leur labeur. [...]

Les conditions modernes de l'action militaire réclament donc des guerriers une habileté technique croissante. Ce matériel, que la force des choses introduit dans les rangs, exige le don, le goût, l'habitude de le servir. Il y a là une conséquence de l'évolution, inéluctable au même titre que la disparition des chandelles ou la fin des cadrans solaires. Voici venu le temps des soldats d'élite et des équipes sélectionnées [1].

## POSTÉRITÉ PHILOSOPHIQUE DE CLAUSEWITZ

Après un premier contact avec Clausewitz qui lui avait fait juger que sa définition de la guerre « n'est pas moins valable aujourd'hui qu'au moment où elle fut écrite [2] », Raymond Aron approfondit son interprétation de la pensée de Clausewitz dans un cours au Collège de France en 1971 et 1972 (« Carl von Clausewitz en son temps et aujourd'hui »). De ce cours, Aron tira les matériaux pour *Penser la guerre, Clausewitz* (1976), essai en deux tomes, le premier étant consacré à l'analyse du traité de Clausewitz, le second à une étude critique des interprétations

---

1. Charles de Gaulle, *Vers l'armée de métier* [1934], © Plon, 1944, p. 48-55.
2. Raymond Aron, *Paix et guerre entre les nations* [1962], Calmann-Lévy, 2004, p. 33.

de ce dernier au XXe siècle et à une analyse des rapports entre l'Est et l'Ouest à l'aune des concepts clausewitziens.

Les analyses de Raymond Aron pourraient sembler « datées » en raison de l'effondrement du monde bipolaire de la guerre froide, mais la multiplication des lignes de fracture, les multiples sources de conflit et surtout la *nucléarisation* accélérée des pays dépourvus d'armes atomiques pourraient leur redonner une certaine actualité. Malgré les critiques suscitées par son interprétation [1], Aron avait le mérite de montrer la pertinence des catégories de Clausewitz pour analyser une situation inédite où la tendance indiquée par le général de Gaulle atteignait son point culminant : lorsque la technique crée des armes atomiques qui rendent la guerre toujours *possible* en théorie, mais *impossible* en pratique, comment envisager le rapport entre la politique et la guerre ? À l'âge de la dissuasion nucléaire et de l'équilibre de la terreur, la pensée de Clausewitz peut-elle nous donner des concepts opératoires ? Contre le vertige de l'anéantissement réciproque, Aron, au libéralisme mâtiné de pessimisme, fait le *pari de la raison*, de l'intelligence critique face au *bellicisme* et au *pacifisme* fondé sur le légalisme international, tous deux irréalistes.

### Le pari de la raison

Quel Européen d'esprit sain songerait à ranimer le romantisme de la guerre fraîche et joyeuse ? Qui oublierait le hachoir de Verdun, la boue des Flandres et la fleur de la jeunesse fauchée par les mitrailleuses, sans même évoquer les indicibles horreurs de la Deuxième Guerre, les camps de la mort, les bombardements de zone ?

Quiconque aujourd'hui réfléchit sur les guerres et sur la stratégie élève une barrière entre son intelligence et son humanité. [...]

---

1. Benoît Durieux, *Clausewitz en France. Deux siècles de réflexion sur la guerre (1807-2007)*, Economica, « Stratégies & doctrines », 2008 ; chap. XII : « L'ère aronienne », p. 623-638.

Je n'éprouve aucune des passions de l'homme-Clausewitz : ni le culte de la patrie incarnée dans le souverain, ni l'exaltation des valeurs martiales, ni l'enivrement de la victoire. Je me réclame du théoricien qui, au soir de sa vie, s'efforçait de transmuer son expérience vécue en théorie, de penser l'objet-guerre pour les générations à venir. [...]

Clausewitz, ancêtre à demi légendaire de Moltke et de Schlieffen [1], appartient (provisoirement) à un âge révolu, au moins si on s'attache aux seules relations entre les grandes puissances. Le principe d'anéantissement, au sens matériel, tel quel les bombardements anglo-américains de zone et les bombes de Hiroshima et de Nagasaki l'appliquèrent, les armes nucléaires lui donnent une signification à ce point monstrueuse que personne ne s'en réclame. Ces armes inaugurent une stratégie de dissuasion et non plus de décision. [...]

À partir de points de départ différents, les marxistes-léninistes et les Occidentaux peuvent s'accorder pour reconnaître que l'arme nucléaire n'est décisive ni dans la lutte des classes ni dans la rivalité entre les États ; elle ne deviendrait décisive que dans une guerre entre puissances nucléaires – et encore à condition que des États organisés survivent pour accepter la défaite ou pour jouir du triomphe. Arme de suprême recours, elle projette la grande ombre du néant sur la dialectique des volontés violentes puisque les uns l'excluent des guerres civiles, les autres des guerres limitées et que tous font profession de ne pas vouloir la « lutte finale », celle qui éliminerait un des deux camps. [...]

Ce que les Occidentaux, disciples de Montesquieu ou de Kant, néo-clausewitziens si l'on veut, doivent apprendre aux marxistes-léninistes, à ceux de Pékin ou de Moscou, c'est que l'histoire a tranché (provisoirement ?) en faveur de Clausewitz et contre Hegel. Même si tous les États se réclamaient de la même idéologie, ils ne s'uniraient pas sous le règne d'un seul ni sous la législation d'un parlement planétaire. Pour

---

1. Comte Helmuth von Moltke (1800-1891), feld-maréchal et théoricien militaire prussien, disciple de Clausewitz. Comte Alfred von Schlieffen (1833-1913), maréchal allemand célèbre pour avoir rédigé en 1905 un mémoire (*La Guerre contre la France*) indiquant précisément le point faible de la défense française (le secteur Mézières-Dunkerque).

une durée que nul ne peut préciser, l'humanité est condamnée à la coexistence plus ou moins pacifique entre des peuples qui se comprennent mal, des États qui se veulent souverains et des idéologies incompatibles. [...]

Tant que le principe d'anéantissement s'appliquait aux seules armées, la guerre, même absolue, en vue du désarmement de l'ennemi, pouvait servir d'instrument à la politique (ainsi de la campagne de France en 1940). À l'âge nucléaire, la seule chance de sauver l'humanité d'elle-même, c'est que l'intelligence de l'État personnifié [1] maîtrise les armements.

Faut-il craindre que, demain, ce pari sur la raison soit baptisé, lui aussi, *la grande illusion*? [...] Si, en Europe et peut-être aux États-Unis, les fondements du patriotisme ont été rongés par la civilisation commerciale-industrielle de notre époque, en va-t-il de même en Union soviétique, en Chine, en Inde, en Algérie, dans les pays arabes? En vérité, la grande illusion, en l'an de grâce 1975, ce n'est plus celle qui lança les peuples d'Europe les uns contre les autres en une ardeur suicidaire, c'est l'illusion de sens contraire, celle des Européens, parfois même celle des Américains, qui prêtent à tous les peuples et à tous ceux qui les gouvernent une seule rationalité, celle des économistes qui comparent le coût et le rendement. Les Européens voudraient sortir de l'histoire, celle qui s'écrit en lettres de sang. D'autres, par centaines de millions, y entrent ou y rentrent. Les armes de destruction massive ont provoqué une mutation des formes de guerre, non une mutation des rapports interétatiques, autrement dit le passage au règne de la loi. [...]

Le quart de siècle qui suivit la Deuxième Guerre mondiale risque de nous apparaître rétrospectivement comme pacifique, en dépit de la guerre froide, en dépit de la Corée et du Viêtnam, en dépit du Pakistan et d'Israël. La prédominance des États-Unis y assurait un semblant d'ordre, juste ou injuste, inégalitaire à coup sûr. La supériorité de la République américaine sur l'Union soviétique appartient au passé ; l'Alliance Atlantique demeure, mais à titre d'organisation sans âme ou de forme à demi vide. Dans toutes les assemblées internationales, les pays pauvres détiennent une majorité sûre et votent des motions ou des résolutions qui

---

1. On reconnaît ici la définition de Clausewitz, voir *supra*, p. 44.

mettent en accusation les pays riches. Nul besoin d'une lucidité hors du commun pour se convaincre que le pseudo-par-
lement des Nations unies, composé d'une collection d'États,
caricature les parlements nationaux et que la société planétaire demeure anarchique. Elle le devient de plus en plus à
mesure que la République américaine, faute de moyens ou
faute de volonté, réduit sa mise et laisse jouer les autres.

Peut-être la grande illusion des Européens n'est-elle pas
tant de parier sur la raison que de méconnaître la contrepar-
tie de ce pari. Pour sauver les hommes de leurs propres
moyens de destruction, il a fallu « sauver » les guerres. Les
Européens voudraient franchir un pas de plus et dire « adieu
aux armes ». La décolonisation s'achève ; tous les peuples ou
presque accèdent à la souveraineté. De même que les Européens ont dû aller jusqu'au bout de la nuit et vivre les horreurs de la guerre absolue pour devenir sages, pourquoi les
hommes des autres continents, hier piétinés ou humiliés, ne
préféreraient-ils pas à leur tour la coopération à la violence ?
Ensemble, ils œuvreraient en vue d'une société planétaire qui
soit plus et autre chose qu'une collection d'États, chacun ne
respectant d'autre loi que sa propre volonté.

Je n'ignore pas la responsabilité du théoricien. Chacun de
nous, fût-ce pour une part infinitésimale, rend le monde
conforme à l'image qu'il s'en fait. Qui nie l'autorité de la loi
internationale l'affaiblit encore davantage. Mais le pacifiste
qui cherche à « culpabiliser » ses adversaires se donne trop
aisément le beau rôle. Oui, la guerre nous semble horrible et
absurde, à nous autres intellectuels de bonne volonté, sans
fanatisme idéologique, patriotes sans passion nationaliste ou
impérialiste. Mais les marxistes-léninistes de Moscou accla-
ment les guerres civiles, Jean-Paul Sartre partage l'enivrement de la foule qui prend d'assaut la Bastille et porte, au
bout d'une pique, la tête du gouverneur ; les Juifs d'Europe
apprirent à leurs dépens qu'il ne suffit pas de refuser la violence pour échapper à la mort ; les Palestiniens, privés du
sol qu'ils tiennent pour leur et de la patrie dont ils rêvent,
mobilisent la haine des révoltés, d'un bout à l'autre du
monde, contre les Israéliens qui vivront sur la terre de leurs
ancêtres ou mourront en combattant.

Ce qui manque à un biologiste mathématicien, à un honnête professeur, c'est le sens de l'histoire et du tragique. Ce

sens manque aussi à ceux que l'on baptise néo-clausewitziens et qui n'ont jamais lu Clausewitz. Du moins les néo-clausewitziens d'outre-Atlantique ont-ils le mérite de refuser et la guerre absolue symbolisée par la capitulation inconditionnelle de l'ennemi et le légalisme international (la paix par la loi), la double illusion que la paix régnera lorsqu'un perturbateur aura été éliminé ou lorsque les États cesseront de se faire justice eux-mêmes. Les armes nucléaires ont dissipé une des formes de l'idéologie wilsonienne, la croisade pour la paix ; les votes de l'Assemblée générale des Nations unies en dissipent une autre, l'équité d'une loi qui résulterait de l'application du principe majoritaire à la Société des États. Il reste une dernière illusion à dissiper : après les horreurs de la Première Guerre mondiale, ni les hommes ni les États n'ont dit « adieu aux armes » [1].

## Clausewitz et la violence réciproque

On peut envisager le destin du traité de Clausewitz autrement que dans le seul cénacle des stratèges. C'est le cas de René Girard, auteur de *La Violence et le Sacré* (1972), qui s'intéresse au rôle joué par la *violence* et le *désir mimétique* dans les sociétés humaines. Le désir mimétique est le désir de ce qu'un autre possède, au point qu'il en devient le désir d'*être* cet autre.

Pour comprendre l'hominisation, il ne faudrait pas partir de l'inceste ou de l'oppression socio-économique mais de la *mimesis* d'appropriation et des conflits qu'elle engendre entre les membres d'une société. L'exacerbation de la rivalité mimétique au sein du groupe fait monter la violence à un seuil critique et seul le mécanisme sacrificiel de la *victime émissaire*, qui concentre sur elle la charge de violence, empêcherait une escalade destructrice. Ce mécanisme laisserait intact la dynamique de la violence

---

1. Raymond Aron, *Penser la guerre, Clausewitz*, t. I : *L'Âge européen*, © Gallimard, « Bibliothèque des sciences humaines », 1976, t. II : *L'Âge planétaire*, 1976, p. 267-286.

et ne peut fonctionner qu'en refoulant le fait que la victime est innocente, ce que le christianisme aurait dévoilé : le Christ serait la seule victime émissaire dont on sait l'innocence.

Dans *Achever Clausewitz. Entretiens avec Benoît Chantre* (2007), René Girard voit dans les concepts clausewitziens de duel et d'action réciproque entre les belligérants la structure même de la rivalité mimétique : dans la montée aux extrêmes, chacun copie ce que fait l'autre dans un processus qui fait croître la violence. Si la rivalité mimétique implique une dualité, comme Clausewitz est le penseur de la *dualité abstraite* (la montée aux extrêmes) ou de la *dualité différée* (la polarité entre défensive et offensive), alors il nous aide bien à voir en notre temps un temps de violence, fondé sur une intensification de la rivalité mimétique à l'échelle mondiale.

Cependant Clausewitz n'aurait pas poussé jusqu'au bout cette logique de la violence réciproque : la fameuse définition qui subordonne la violence à la politique cacherait la rivalité totalement destructrice du duel. Clausewitz aurait donc découvert la structure de la violence sous la forme du duel sans l'avoir menée à son terme, dans son dynamisme propre qui n'a rien à voir avec une guerre totale, mais plutôt avec une sorte d'épidémie génératrice de tensions et de conflits. René Girard ne voit d'issue à cette escalade que dans un renoncement total à notre violence, qui ne peut être que d'inspiration religieuse.

### La montée aux extrêmes

L'histoire ne va donc pas tarder à donner raison à Clausewitz. C'est parce qu'il dit « répondre » aux humiliations du traité de Versailles et à l'occupation de la Rhénanie que Hitler a pu mobiliser tout un peuple ; à son tour, c'est parce qu'il « répond » à l'invasion allemande que Staline obtient une victoire décisive contre Hitler. C'est parce qu'il « répond » aux États-Unis que Ben Laden organise aujourd'hui le 11 Septembre et ses suites. Le primat de la défensive, c'est, d'une certaine manière, l'apparition, dans le conflit, du principe de réciprocité comme une polarité différée, dans le sens où la victoire n'est pas immédiate, mais *plus tard* sera totale. Celui qui croit maîtriser la violence en organisant la défense est en fait maîtrisé par la violence, ce point est très important. En cela vous avez justement dit que l'action réciproque provoque et diffère en même temps la montée aux extrêmes : c'est peut-être le propre de cette dernière que de monter *progressivement*, de façon plus redoutable que dans le cas d'une contre-attaque immédiate, qui peut très vite donner lieu à des négociations. Voilà le paradoxe que Clausewitz donne les moyens de creuser : celui d'une immédiateté non immédiate, d'une polarité d'autant plus redoutable qu'elle sera différée. [...]

Mais le choc, *parce que différé*, n'en sera que plus terrible. Il va préfigurer une autre campagne de Russie au XXᵉ siècle : celle où Hitler reproduira les mêmes erreurs que Napoléon. Ce sera l'époque où Staline mettra des grands portraits du tsar ou de Koutousov dans son bureau. La vieille Russie réapparaîtra alors derrière les soubresauts du communisme. La théorie mimétique, telle qu'elle se trouve ici corroborée par l'action réciproque, nous oblige à envisager l'histoire par grandes masses et selon de très longues oscillations. Napoléon n'est pas à « l'âge de l'ultimatum télégraphique », il est encore à celui des guerres du XVIIIᵉ siècle, d'une certaine manière. Mais cet âge *est déjà là*, et Clausewitz l'a compris l'un des premiers, dans l'exacte mesure où les conflits différés ne peuvent plus dissimuler le principe de réciprocité qui les sous-tend. La violence n'est jamais perdue pour la violence. Elle n'est plus évacuable. C'est cette réalité fondamentale qu'il faut comprendre.

Il y a là une découverte anthropologique majeure : *l'agression n'existe pas*. Chez les animaux, il y a la prédation, il y a sans doute la rivalité génétique pour les femelles. Mais avec les hommes, si personne n'a jamais le sentiment d'agresser, c'est que tout est toujours dans la réciprocité. Et la moindre petite différence, dans un sens ou dans un autre, peut provoquer une montée aux extrêmes. *L'agresseur a toujours déjà été agressé*. Pourquoi les rapports de rivalité ne sont-ils jamais perçus comme symétriques ? Parce que les gens ont toujours l'impression que l'autre est le premier à attaquer, que ce n'est jamais eux qui ont commencé, alors que, d'une certaine manière, c'est *toujours* eux. L'individualisme est un mensonge formidable. On va ainsi faire sentir à l'autre qu'on a compris les signes d'agressivité qu'il a envoyés. Lui interprétera à son tour cette façon de s'en sortir comme une agression. Et ainsi de suite. Vient le moment où le conflit éclate, et où celui qui commence se met en position de faiblesse. Les différences sont donc si petites au départ, elles s'épuisent si rapidement qu'elles ne sont pas perçues comme réciproques, mais comme étant toujours à sens unique.

Penser la guerre comme « poursuite de la politique par d'autres moyens », comme semble le faire Clausewitz au terme de son premier chapitre, c'est donc *perdre de vue l'intuition du duel*, c'est nier la notion d'agression et de réponse à l'agression : c'est oublier l'action réciproque qui accélère et diffère à la fois la montée aux extrêmes – qui ne la diffère que pour mieux l'accélérer.

Les hommes sont donc toujours à la fois dans l'ordre et dans le désordre, dans la guerre et dans la paix. On peut donc de moins en moins trancher entre ces deux réalités qui, jusqu'à la Révolution française, étaient codifiées, ritualisées. Il n'y a plus de différence aujourd'hui. L'action réciproque est tellement amplifiée par la mondialisation, cette réciprocité planétaire où le plus petit événement peut avoir des retentissements de l'autre côté du globe, que la violence a toujours une longueur d'avance. La politique court derrière la violence, tout comme Heidegger montre que la technique a échappé à notre contrôle. Nous aurons donc à examiner les modalités de cette montée aux extrêmes, de Napoléon à Ben Laden : l'attaque et la défense promues au rang de seul moteur de l'histoire. C'est en cela que Clausewitz est fascinant, attire et repousse en même temps, fait peur. La victoire ne peut plus être relative ; elle ne peut être que totale. Le principe de polarité est le mouvement même de cette catastrophe différée. Et quand Clausewitz nous parle de l'horizon de la « guerre d'extermination », il faut entendre le terme dans le sens que lui a donné le XX$^e$ siècle : c'est en cela, en effet, qu'une polarité en masque une autre, ou plutôt que la « polarité » dont parle Clausewitz masque la « polarisation » que j'essaie de décrire dans *La Violence et le Sacré*. Celle-ci s'effectuait jadis sur une victime qui permettait le retour de l'ordre. Elle se confond aujourd'hui avec la montée aux extrêmes, puisque les victimes ne peuvent plus être unanimement considérées comme coupables.

Pour Clausewitz, la polarité signifie le retour à la paix, au sens où la « paix perpétuelle » est souvent celle des cimetières. C'est pour cela qu'il faut toujours entendre, derrière l'alternance, la réciprocité ; derrière la « guerre réelle », la « guerre absolue » – même si réciprocité et guerre absolue sont apparemment des abstractions. L'apocalypse n'est rien d'autre, après tout, que la réalisation d'une abstraction, une adéquation du réel à un concept ; et les hommes, il faut avoir la lucidité de le dire, tendent d'eux-mêmes vers cet anéantissement. C'est la loi implacable du duel, précisée dans le primat de la défense sur l'attaque. Les hommes se distinguent en cela des animaux, qui, eux, réussissent à contenir leur violence dans ce que les éthologues appellent des réseaux de dominance. Les hommes, eux, ne parviennent pas à contenir cette réciprocité, parce qu'ils s'imitent beaucoup trop et se ressemblent de plus en plus, et de plus en plus vite.

Il faut imaginer que les premiers groupes humains se sont ainsi, *pour ces raisons précises*, autodétruits. Mais ces groupes étaient petits, ils n'interagissaient pas avec le reste du monde. Si l'apocalypse est une menace réelle aujourd'hui, et au niveau de la planète, c'est parce que le principe de réciprocité a été démasqué, que l'abstraction est devenue concrète. Voici ce que repère tout de suite Clausewitz, avant de se réfugier dans la description des lois de la guerre, comme si nous étions encore au XVIIIe siècle, comme si la guerre était encore une institution. Mais l'adversité interétatique, *sous laquelle il dissimule le duel*, ne correspond déjà plus à son temps. Ce dernier annonce au contraire un déchaînement de la violence.

Clausewitz le dit et ne le dit pas. Il est ambivalent. […]

Le traité de Clausewitz, composé hors de tout dialogue, de tout débat, dans la solitude d'un exil intérieur, annonce l'imminente dictature de la violence. Il y a chez Clausewitz une espèce de sacralisation de la guerre, valable seulement quand elle est assez violente pour réaliser son essence. Chose étrange pour cet homme qui haïssait passionnément Napoléon : il redoute que l'empire ne soit qu'une parenthèse heureuse dans un affadissement de la guerre qui le désole.

Curieux avatar des Lumières qui, en même temps qu'elles éclairent le militarisme prussien, travaillent à l'exaspérer. C'est donc bien d'une religion militaire qu'il s'agit, puisque Clausewitz entrevoit la *lutte tragique des doubles* dont tous les mythes portent la trace, même si le sacrifice et la divinisation des victimes en a occulté un temps le mécanisme. [...]

C'est au cercle vicieux de la violence qu'il faudrait pouvoir renoncer, à cet éternel retour d'un sacré de moins en moins contenu par les rites et qui se confond maintenant avec la violence. C'est au sein de ce mimétisme libéré qu'il faut travailler. Il n'y a pas d'autre voie. Il faudra donc revenir sur cette sortie du religieux qui ne peut s'opérer qu'au sein du religieux démystifié, c'est-à-dire du christianisme[1].

1. René Girard, *Achever Clausewitz. Entretiens avec Benoît Chantre* [2007], Flammarion, « Champs essais », 2011, p. 51-65.

# CHRONOLOGIE

| | VIE ET ŒUVRE DE CLAUSEWITZ | CONTEXTE HISTORIQUE ET INTELLECTUEL |
|---|---|---|
| 1780 | 1er juin : naissance de Clausewitz à Burg, royaume de Prusse. | |
| 1786 | | 17 août : mort de Frédéric II, roi de Prusse. 22 février : naissance de Schopenhauer à Dantzig. Kant, *Critique de la raison pratique.* |
| 1787 | | Goethe, seconde version des *Souffrances du jeune Werther.* |
| 1788 | | Kant, *Critique de la faculté de juger.* |
| 1790 | | Kant, *La Religion dans les limites de la simple raison.* |
| 1792 | Clausewitz devient porte-étendard dans le régiment d'infanterie du prince Ferdinand. | 21 septembre : la Convention abolit la monarchie en France. 14 novembre : entrée des troupes françaises à Bruxelles. |
| 1793 | Avril-juin : Clausewitz devient officier lors du siège de Mayence. | 21 janvier : exécution de Louis XVI. 23 janvier : invasion de la Pologne par la Russie et la Prusse ; annexion de Dantzig, Thorn et la Grande-Pologne par la Prusse. 1er février : déclaration de guerre de la France à l'Angleterre et à la Hollande. 24 février : la Convention décrète la levée en masse de 300 000 hommes. 7 mars : déclaration de guerre de la France à l'Espagne. 20 avril : déclaration de guerre de la France à l'Autriche. |

CHRONOLOGIE

| 1794 | 23 août : la Convention décrète la levée en masse. |
| | 5 septembre : début de la Terreur. |
| | 9 septembre : organisation de l'armée révolutionnaire. |
| | 16 octobre : Jourdan bat les Autrichiens à Wattignies ; exécution de Marie-Antoinette. |
| | Fichte, *Principes de la doctrine de la science*. |
| 1795 | 5 avril : la Prusse reconnaît la République française par le traité de Bâle. |
| | Après la paix de Bâle Clausewitz se forme à la théorie de la guerre ; il lit les écrits militaires de Frédéric II. |
| 1797 | 22 mars : naissance de Guillaume I$^{er}$, cinquième roi de Prusse. |
| | Berenhorst, *Betrachtungen über die Kriegskunst* (*Réflexions sur l'art de la guerre*), 1797-1799. |
| | Hölderlin, *Hypérion*, vol. 1. |
| 1798 | Schelling, *L'Âme du monde. Première esquisse d'un système de la philosophie de la nature*. |
| 1799 | Bülow, *Der Geist des neueren Kriegssytems* (*L'Esprit du nouveau système de guerre*). |
| | Jacobi, *Lettre à Fichte*. |
| | Hölderlin, *Hypérion*, vol. 2. |
| 1800 | Schlegel, *Dialogue sur la poésie*. |
| | Novalis, *Hymnes à la nuit*. |

| | VIE ET ŒUVRE DE CLAUSEWITZ | CONTEXTE HISTORIQUE ET INTELLECTUEL |
|---|---|---|
| 1801 | Clausewitz intègre l'École militaire de Berlin et est remarqué par Scharnhorst, futur réformateur de l'armée prussienne. | 9 février : paix de Lunéville ; la France obtient la rive gauche du Rhin.<br>Mort de Novalis.<br>Schelling, *Exposé de mon système de philosophie.* |
| 1803 | Recommandé par Scharnhorst, Clausewitz devient aide de camp du prince Auguste de Prusse. Lit et annote Polybe, Machiavel et des théoriciens de la guerre. | 12 mai : rupture de la paix d'Amiens entre la France et l'Angleterre. |
| 1804 | Clausewitz rédige un traité, *La Stratégie.* | 12 février : mort de Kant.<br>18 mai : Bonaparte devient empereur héréditaire des Français.<br>2 décembre : sacre de Napoléon. |
| 1805 | | Mort de Schiller.<br>Beethoven, *Troisième Symphonie,* dite *Symphonie héroïque,* en *mi* bémol majeur (avec une dédicace à Bonaparte, que le compositeur supprima après avoir appris son couronnement). |
| 1806 | Après la capitulation du prince à Prenzlau (28 octobre 1806), Clausewitz est fait prisonnier de guerre. Il est interné à Nancy, puis en Suisse. | 12 juillet : création de la confédération du Rhin regroupant seize princes d'Allemagne.<br>6 août : dislocation du Saint Empire romain germanique.<br>Octobre : campagne de Prusse.<br>14 octobre : batailles d'Iéna et d'Auerstaedt.<br>27 octobre : Napoléon entre à Berlin.<br>21 novembre : blocus continental avec l'Angleterre. |

C H R O N O L O G I E

| | | |
|---|---|---|
| **1807** | Après sa libération, de retour à Berlin, Clausewitz suit le cours de Kiesewetter, vulgarisateur de la philosophie de Kant. | 8 février : bataille d'Eylau, où Napoléon affronte la Russie et la Prusse près de Königsberg.<br>Hegel, *Phénoménologie de l'Esprit*.<br>Jomini, *Traité de grandes opérations militaires ou Relation critique et comparative des campagnes de Frédéric et de l'empereur Napoléon*, 1807-1809. |
| **1808** | | Conférences de Fichte à Berlin (*Discours à la nation allemande*) en forme d'appel à un sursaut national alors que les armées françaises occupent la Prusse.<br>Goethe, *Faust I*.<br>Schlegel, *Sur la langue et la philosophie des Indiens*.<br>Beethoven, *Cinquième Symphonie*, en *ut* mineur. |
| **1809** | Clausewitz devient chef de bureau au ministère de la Guerre, sous les ordres de Scharnhorst. Il participe à la réforme de l'armée prussienne (inspire l'*Exercier-reglement*, loi suprême de l'armée). Il est nommé capitaine par le prince Auguste. | 10 avril : offensive autrichienne.<br>12-13 mai : prise de Vienne.<br>5-6 juillet : bataille de Wagram.<br>14 octobre : paix de Vienne. |
| **1810-1811** | Clausewitz donne des cours à l'École militaire sur la « petite guerre » ; il est chargé de l'instruction du Kronprinz, le prince héritier. Il rédige une *Vue d'ensemble de l'enseignement militaire donné par l'auteur à Son Altesse royale le Prince héritier* (ou *Les Principes essentiels de la guerre*, publiés en 1812). Il épouse la comtesse Marie von Brühl. | 31 décembre : rupture de l'alliance franco-russe.<br>Lossau, *Der Krieg. Für wahre Krieger* (*De la guerre, ouvrage destiné aux vrais guerriers*). |

| | VIE ET ŒUVRE DE CLAUSEWITZ | CONTEXTE HISTORIQUE ET INTELLECTUEL |
|---|---|---|
| 1812 | Clausewitz rejette l'alliance passée entre la Prusse et Napoléon. Il participe à la rédaction des *Bekenntnisse*, manifestes dans lesquels des officiers patriotes appellent à un sursaut de la patrie contre la France. Il quitte l'armée prussienne et se met au service de la Russie (mai 1812). | 5 mars : alliance France-Prusse. 9 avril : alliance entre la Russie et la Suède. Juin : début de la campagne de Russie. 5-7 septembre : bataille de la Moskowa. 14 septembre : Napoléon entre à Moscou. 19 octobre : l'armée française abandonne Moscou. 26-28 novembre : passage de la Bérézina. Hegel, *La Science de la logique*, 1812-1816. |
| 1813 | Clausewitz devient lieutenant-colonel de l'armée russe, sert sous le général von Phull. Il conseille le repli sur Smolensk des armées de Barclau de Tolly et de Bagration, et participe aux batailles de Vitebsk et Smolensk. A la bataille de Borodino, il commande un corps de cavalerie de 2 500 hommes. Scharnhorst meurt, des suites d'une blessure. Clausewitz sert au quartier général de Blücher comme officier de liaison avec les armées russes. | Janvier-février : la Prusse rompt son alliance avec la France et rejoint la Russie. Mars : soulèvement de l'Allemagne du Nord. 12 août : l'Autriche rejoint la coalition. Septembre-octobre : campagne d'Allemagne. 16-19 octobre : bataille de Leipzig. Jomini, *Traité de grande tactique* (rebaptisé *Traité des grandes opérations militaires* en 1818). |
| 1814 | Clausewitz est nommé chef d'état-major de la légion prussienne de l'armée russe. | 27 janvier : mort de Fichte à Berlin. Janvier-avril : campagne de France. 30 mars : capitulation de Paris. 6 avril : abdication de Napoléon. 24 avril : Louis XVIII débarque à Calais. De novembre 1814 à juin 1815 : congrès de Vienne, où Talleyrand représente la France. |

| | VIE ET ŒUVRE DE CLAUSEWITZ | CONTEXTE HISTORIQUE ET INTELLECTUEL |
|---|---|---|
| 1820 | | Jomini, *Les Guerres de la Révolution*, 1806-1820, 15 vol. |
| 1821 | | Hegel, *Principes de la philosophie du droit*. |
| 1824 | | Beethoven, *Neuvième Symphonie*, en *ré* mineur. Victor Hugo, *Cromwell*, dont la préface marque les débuts du romantisme en France. |
| 1829-1830 | Clausewitz rédige le chapitre I du livre I de *De la guerre*. | |
| 1830 | 19 août : Clausewitz est nommé inspecteur de l'artillerie à Breslau. | 5 juillet : prise d'Alger par les troupes françaises. 25 juillet : les quatre ordonnances de Charles X (suspension de la liberté de la presse ; rétablissement de la censure ; prise en compte des contributions foncières pour le calcul du cens ; dissolution de la Chambre). 27-28-29 juillet : Trois Glorieuses ; barricades dans Paris et climat insurrectionnel contre les ordonnances. 2 août : abdication de Charles X en faveur du duc de Bordeaux, Henri V. 3 août : exil de Charles X. 9 août : Louis-Philippe, roi des Français. |
| 1831 | Clausewitz participe comme chef d'état-major sous le commandement de Gneisenau à la répression de la révolte polonaise. Il meurt du choléra à Breslau, le 16 novembre. | 14 novembre 1831 : Hegel meurt du choléra. |

CHRONOLOGIE

# BIBLIOGRAPHIE

## ÉDITION DE RÉFÉRENCE DE *DE LA GUERRE*

*Vom Kriege, hinterlassenes Werk des Generals Carl von Clausewitz : vollständige Ausgabe im Urtext, drei Teile in einem Band*, Bonn, Dummlers Verlag, 1980.

## ÉDITIONS EN FRANÇAIS DE *DE LA GUERRE*

### TRADUCTIONS INTÉGRALES

Seules les traductions de Jean-Baptiste Neuens et Denise Naville sont complètes ; voir, de Benoît Durieux, *Clausewitz en France. Deux siècles de réflexion sur la guerre (1807-2007)*, chap. XVI : « Clausewitz vulgarisé », Economica, « Bibliothèque stratégique », 2008, p. 711 *sq.*

Traduction de Jean-Baptiste Neuens, Paris, J. Corréard, 1849-1851.

Traduction de Denise Naville, Minuit, « Arguments », 1955.

### TRADUCTIONS ABRÉGÉES

Traduction de Marc Bourdon de Vatry, Paris, L. Baudoin, 1886-1887, Gérard Lebovici, 1989 ; rééd. 2000.

Traduction de Laurent Murawiec, Perrin, « Tempus », 1999 ; rééd. 2006.

Traduction de Nicolas Waquet, Payot & Rivages, « Petite bibliothèque Rivages », 2006.

Édition et choix de textes tirés de la traduction de Jean-Baptiste Neuens par Grégoire Chamayou, Flammarion, 2010.

## Éditions en français des autres œuvres de Clausewitz

*La Campagne de 1796 en Italie*, trad. Jean Colin, Pocket, « Agora », 1999.

La Campagne de 1799 en Italie et en Suisse, trad. Albert Niessel, Ivrea, 1979.

*La Campagne de 1812 en Russie*, trad. Marcel Bégouën, éd. Gérard Chaliand, Complexe, 2005.

*La Campagne de 1813 et la campagne de 1814*, trad. Edmond Thomann, Paris, R. Chapelot, 1900.

*La Campagne de 1814*, trad. Georges Duval de Fraville, Champ Libre, 1972.

*La Campagne de 1815 en France*, trad. Albert Niessel, Champ Libre, 1973.

« Les campagnes du maréchal de Luxembourg », trad. Gérard Reber, *Stratégique*, février-mars 2000, n° 79, p. 185-213.

*De la Révolution à la Restauration. Écrits et lettres*, éd. Marie-Louise Steinhauser, Gallimard, 1976.

*Notes sur la Prusse dans sa grande catastrophe : 1806*, trad. Albert Niessel, Ivrea, 1976.

*Principes fondamentaux de stratégie militaire*, trad. Grégoire Chamayou, Mille et Une Nuits, 2006.

*Théorie du combat*, trad. Thomas Lindemann, Economica, 1999.

## Travaux de théoriciens de la guerre contemporains de Clausewitz

Berenhorst, Adam von, *Betrachtungen über die Kriegskunst* (*Réflexions sur l'art de la guerre*), Leipzig, 1797-1799.

Bülow, Heinrich von, *Der Geist des neueren Kriegssystems* (*L'Esprit du nouveau système de la guerre*), Hambourg, 1799.

Jomini, Antoine Henri de, *Précis de l'art de la guerre* [1838], éd. Bruno Colson, Perrin, « Tempus », 2008.

—, *Traité des grandes opérations militaires, contenant l'histoire critique des campagnes de Frédéric II, comparées à celles de l'empereur Napoléon*, Paris, Magimel, 1811-1816.

—, *Tableau analytique des principales combinaisons de la guerre et de leurs rapports avec la politique des États, pour servir d'introduction au « Traité des grandes opérations militaires »*, Paris, Anselin, 1830.

LILIENSTERN, Rühle VON, « Apologie des Krieges, besonders gegen Kant », *Deutsches Museum*, n° 1-2, 1813.

LOSSAU, Johann Friedrich Constantin VON, *Der Krieg. Für wahre Krieger* (*De la guerre, ouvrage destiné aux vrais guerriers*), Leipzig, 1815.

NAPOLÉON Ier, *De la guerre*, éd. Bruno Colson, Perrin, 2011.

PFÜEL, Ernst VON, « Kriegskunst und Fechtkunst », *Pallas*, n° 2, 1810, p. 207-229.

—, « Über das Studium der Kriegsgeschichte », *Deutsches Museum*, vol. 1, n° 3, 1812, p. 221-237.

## ÉTUDES CRITIQUES SUR CLAUSEWITZ

ARON, Raymond, *Penser la guerre, Clausewitz*, Gallimard, « Bibliothèque des sciences humaines », 1976, 2 vol.

—, *Sur Clausewitz*, Complexe, « Historiques », 2005.

BRUSTLEIN, Corentin, « Clausewitz et l'équilibre de l'offensive et de la défensive. Critique stratégique et portée contemporaine », communication du 15 septembre 2005 au congrès de l'association française de science politique, 17 p.

CAMMERER, Rudolph VON, *Clausewitz*, Berlin, Ernst Siegfried Mittler & Sohn, 1905.

COLSON, Bruno, *L'Art de la guerre. De Machiavel à Clausewitz*, Namur, Presses universitaires de Namur, 2002.

—, *De la guerre ? Clausewitz et la pensée stratégique contemporaine*, dir. Laure Bardiès et Martin Motte, Economica, « Bibliothèque stratégique », 2008.

COUTAU-BÉGARIE, Hervé, *Traité de stratégie*, Economica, 2005 ; rééd. 2011.

DEBORD, Guy, et BECKER-HO, Alice, *Le Jeu de la guerre. Relevé des positions successives de toutes les forces au cours d'une partie*, Ivrea, 1987 ; rééd. Gallimard, 2006.

DERBENT, T., *Clausewitz et la guerre populaire*, Bruxelles, Aden, « Grande Bibliothèque », 2004.

—, *Giap et Clausewitz*, Bruxelles, Aden, 2006.

DURIEUX, Benoît, *Relire « De la guerre » de Clausewitz*, Economica, « Stratégies et doctrines », 2005.

—, *Clausewitz en France. Deux siècles de réflexion sur la guerre (1807-2007)*, Economica, « Bibliothèque stratégique », 2008.

FIÉVET, Gil, *À l'écoute de Clausewitz. Penser l'action en stratège*, ADDIM, 1998.

GÉRÉ, François, *La Guerre psychologique*, Economica, 1997, p. 156-161.

GIRARD, René, *Achever Clausewitz. Entretiens avec Benoît Chantre* [2007], Flammarion, « Champs essais », 2011.

GUINERET, Hervé, *Clausewitz et la guerre*, PUF, « Philosophies », 1999.

HAGEMANN, E., *Die deutsche Lehre vom Kriege*, t. I : *Von Berenhorst zu Clausewitz*, Berlin, Ernst Siegfried, Mittler & Sohn, 1940.

HAHLWEG, Werner, *Carl von Clausewitz. Soldat-Politiker-Denker*, Göttingen, Musterschmidt Verlag, 1957.

HANDEL, Michael I., *Masters of Wars*, Londres, Frank Cass, 2001.

HENROTIN, Joseph, NÈVE, Alain DE, et STRUYE DE SWIELAND, Tanguy, « Un monde néo-clausewitzien ? », *Au risque du chaos. Leçons politiques et stratégiques de la guerre d'Irak*, Armand Colin, 2004.

HOWARD, Michaël, *Clausewitz*, Oxford et New York, Oxford University Press, 1983.

KINROSS Stuart, *Clausewitz and America : Strategic Thought ans Practice from Vietnam to Iraq*, Londres, Routledge, 2007.

LA GORCE, Paul-Marie DE, *Clausewitz et la stratégie moderne*, Seghers, « Savants du monde entier », 1964.

—, *Clausewitz*, Seghers, 1964.

LANGENDORF, Jean-Jacques, *La Pensée militaire prussienne*, Economica, 2012.

LIDDELL HART, Bašil, *Histoire mondiale de la stratégie*, trad. Lucien Poirier, Plon, 1962, p. 389-395.

PALAT, Pierre, *La Philosophie de la guerre selon Clausewitz*, Anthropos, « Stratèges & stratégies », 1998.

PHILONENKO, Alexis, « Clausewitz ou l'œuvre inachevée », *Tueurs. Figures du meurtre*, Bartillat, 1999.

PARET, Peter, *Clausewitz and the State, the Man, his Theories and his Times*, Princeton University Press, 1985.

PARKINSON, Roger, *Clausewitz : A Biography*, New York, Stein and Day Publishers, 1971.

ROQUES, Paul, *Le Général de Clausewitz. Sa vie et sa théorie de la guerre, d'après des documents inédits*, Astrée, 2013.

ROTHFELS, Hans, *Karl von Clausewitz, Politik und Krieg*, Berlin, Dümmler, 1920.

SCHERING, Walter, *Die Kriegsphilosophie von Clausewitz*, Hambourg, Hanseatische Verlangstalt, 1935.

SCHMITT, Carl, *Machiavel, Clausewitz. Droit et politique face aux défis de l'histoire*, éd. Alain de Benoist, Krisis, 2007.

SCHRAMM, Wilhelm Ritter VON, *Clausewitz. Leben und Werk*, Esslingen am Neckar, Bechtle Verlag, 1976.

TERRAY, Emmanuel, *Clausewitz*, Fayard, « Histoire de la pensée », 1999.

THIVET, Delphine, *Une pensée hétérodoxe de la guerre. De Hobbes à Clausewitz*, PUF, « Fondements de la politique », 2010.

# RÉCIT

GROSJEAN, Jean, *Clausewitz*, Gallimard, 1972. [Plusieurs années après Waterloo, quatre généraux prussiens, dont Clausewitz et le maréchal Gneisenau, discutent des raisons de vivre, dans le village de Champagne où ils cantonnent.]

# ARTICLES

ABRAHAM, Luc, « La philosophie militaire chez Clausewitz », *Critère*, n° 38, automne 1984, p. 165-171.

« Clausewitz », *Stratégie*, n° 78-79, 2001.

CHANTRE, Benoît, « Le moment 1806 », *Commentaire*, vol. 35, n° 140, hiver 2012-2013, p. 1065-1074.

COLSON, Bruno, « Clausewitz, le retour d'expérience et l'histoire », *De la guerre ? Clausewitz et la pensée stratégique contemporaine*, « Bibliothèque stratégique », Economica, 2009, p. 349-359.

CROCE, Benedetto, « Action, succès et jugement dans le *Vom Kriege* de Clausewitz », *Revue de métaphysique et de morale*, n° 42, avril 1935, p. 247-258.

DABEZIES, Pierre, « Sur une phrase de Clausewitz », *Straté-gique*, janvier 1991, n° 49, p. 47-60.

DOEPNER, Friedrich. « Die Familie des Kriegsphilosophen Carl von Clausewitz », *Der Herold*, vol. 12, 1987, p. 53-68.

FREUND, Julien, « Guerre et politique – de Karl von Clause-witz à Raymond Aron », *Revue française de sociologie*, n° 17-4, octobre-décembre 1976, p. 643-651.

GÉRÉ, François, « Limiter la guerre, Clausewitz, encore », *Stratégique*, n° 54, février 1992, p. 63-68.

HERBERG-ROTHE, Andreas. « Clausewitz und Napoleon. Jena, Moskau, Waterloo », *Clausewitz-Informationen* (Hambourg), n° 1, 2006, p. 9-93.

JOXE, Alain, « Clausewitz – théorie de l'identité interaction-nelle et passage stratégique de la guerre à la paix », *Cahiers d'études stratégiques*, n° 40-41, 1988, p. 33-64.

KAEMPFER, Jean, « Le génie et le calcul, l'épopée napoléo-nienne chez Clausewitz et Jomini », *Archipel*, n° 8, 1994, p. 105-122.

KESSEL, Eberhard, « Zur Genesis der modernen Kriegslehre : Die Entstehungsgeschichte von Clausewitz' Buch *Vom Kriege* », *Wehrwissenschaftliche Rundschau Zeitschrift für die Europäische Sicherheit*, vol. 3, n° 9, 1953, p. 405-423.

KUHLE, Arthur, « Der Gedanke der Wechselwirkung in der preußischen Kriegstheorie – von Berenhorst über Scharn-horsts Kritik an Hegel zu Clausewitz », *Forschungen zur Brandenburgischen und Preußischen Geschichte*, vol. 22, n° 2, 2012, p. 149-193.

LEFEBVRE, Henri, « Hegel et Clausewitz », *Cause commune*, n° 9, février 1974, p. 18-25.

LIDDELL HART, Basil, « Le but de la guerre », *Forces aériennes françaises*, octobre 1951, p. 5-19.

PHILONENKO, Alexis, « Tolstoï et Clausewitz », *Études polé-mologiques*, n° 29, 1984, p. 37-54.

—, « Clausewitz ou l'œuvre inachevée : l'esprit de la guerre », *Revue de métaphysique et de morale*, n° 4, octobre-décembre 1990, p. 471-511.

RITTER, Gerhard, « Revolution und Kriegsführung : Napo-leon und Clausewitz », *Staatskunst und Kriegshandwerk. Das Problem des « Militarismus » in Deutschland*, vol. 1, n° 4, Munich, R. Oldenbourg, 1954-1968.

ROSENBAUM, E., « *Penser la guerre, Clausewitz* (review essays) », *History and Theory*, vol. 17, n° 2, 1978, p. 235-240.

ROTHE, Barbara, et TÜRPE, André, « Das Wesen des Krieges bei Hegel und Clausewitz », *Deutsche Zeitschrift für Philosophie*, n° 25, 1977, p. 1331-1343.

WEIL, Éric, « Guerre et politique selon Clausewitz », *Revue française de science politique*, vol. 5, n° 2, avril-janvier 1955, p. 291-314.

ROSENBAUM, H., Gestures in shamic *Communications interview* n° 5... Pour la liste... von J... n° 2, 1972, p. 235-290.

ROTH..., *Berlin*, in THESE, Anneke, *Das Wesen des Körpers* und Hegel und Christusbild, *Prague, Zeitschrift für Phänom*... ..., n° ..., 1972, p. 13-143.

WEIL, Erne, *Essai et politique*, Blanc, Gallimard, *Ma Vorstudien science politique*, vol. ..., n° ..., 1972, avril-juin, 1958, p. 291-31.

# TABLE

___

## De la guerre

# TABLE

Mise en page par Meta-systems
59100 Roubaix

GF Flammarion

14/04/189465-IV-2014 – Impr. MAURY Imprimeur, 45330 Malesherbes.
N° d'édition L.01EHPN000617.N001 – Mai 2014 – Printed in France.

CPI Bussière